Johann Georg Christoph Konrad Hick

SHAKESPEARE UND SOUTHAMPTON oder: Die letzten Jahre der grossen Königin

Historisches Schauspiel in 5 Aufzügen

Johann Georg Christoph Konrad Hick

SHAKESPEARE UND SOUTHAMPTON oder: Die letzten Jahre der grossen Königin

Historisches Schauspiel in 5 Aufzügen

ISBN/EAN: 9783743404366

Hergestellt in Europa, USA, Kanada, Australien, Japan

Cover: Foto ©Thomas Meinert / pixelio.de

Manufactured and distributed by brebook publishing software (www.brebook.com)

Johann Georg Christoph Konrad Hick

SHAKESPEARE UND SOUTHAMPTON oder: Die letzten Jahre der grossen Königin

Shakespeare und Southampton

oder:

Die letzten Jahre der grossen Königin.

Historisches Schauspiel in 5 Aufzügen

von

Johann Georg Christoph Konrad Hick

Georg Hick.

Personen:

Elisabeth, Königin von England.
Robert Cecil, Graf Nottingham, Staatssecretair.
Gräfin Nottingham, dessen Gemahlin, Vertraute der Königin.
Francis Bacon.
Walter Raleigh.
Graf Southampton.
Gräfin Southampton, dessen Gemahlin.
Graf Essex.
Richard Burbage.
William Shakespeare.
Richard Bouladge.
Penn.
Davers.
Tarleton.
Na...
P...

Schauspieler am Globetheater.

John Oldcastle, Werbeoffizier.
Gurney, Secretair des Grafen Nottingham.

Frau Hurtig, Wirthin Zum Elephanten.

Herren und Damen vom Hofe der Königin. Ein Page der Königin. Ein Aufwärter.

Ort der Handlung: London. Zeit 1600–1603.

Essex.

Gut,
So werb' ich warten bis er kommt,
mein Freund,
Zu einer Schachparthie ihn einzuladen.

Southampton.

Ich fürchte sehr, ob Du ihm Stand
wirst halten.
Die Königin ist seine Hauptfigur,
Mit der er meisterhaft zu spielen weiß.

Essex.

Zum Henker mit dem schmeichlerischen
Schuft!
Er und der Schwadronirer Raleigh
sind's,
Die alle meine Pläne kreuzen. Hörte
Die Königin ihr albernes Geschwätz
Nicht an — ich wäre längst Lord-
Deputy
Von Irland.

Southampton.

Deine Forderungen sind
Zu hoch.

Essex.

Zu hoch? —. Ha, steigern will ich sie!
Jetzt endlich kenne ich die Art und
Weise,
Dies eitle Weib, an Leib und Seele
schief,
Für alle meine Zwecke auszubeuten.
Ich will ihr schmeicheln bis zur Un-
verschämtheit;
Balladenmacher nehm' ich mir in Sold,
Die ihre göttergleiche Schönheit singen,
Und alles Ungereimte ihres Wesens
In honigsüße Reime bringen sollen.

Southampton.

Balladenmacher?

Essex.

Nun, z. B. Shakespeare.

Southampton.

Shakespeare?

Essex.

Er könnte, wie dies oft geschieht,
Mit schmeicheleiverbrämten Dichterworten
Auf mein Verhältniß zu Elisabeth
In einer Weise hinzudeuten wagen,
Die für den großen Haufen ohne Sinn,
Und nur der Königin verständlich ist.

Southampton.

Es scheint, Du hast Dir über Shakespeare's Muse
Ein eigenthümlich Urtheil ausgebildet.

Essex.

Was Andre thun, wird er nicht unter-
lassen.
Doch wie — ich will nicht hoffen, daß
ein Dichter
Und Komödiant das Stück von Dei-
nem Herzen
Mir vollends raubte, was Dir Lady
Vernon
In Deiner liebeheißen Brust gelassen.

Southampton.

Gerade mein Verhältniß zu der Vernon,
Und meine Stellung zu der Königin,
Die eifrig gegen dies Verhältniß ist,
Läßt mich nach einem edlen Manne
suchen,
Der für den Zwiespalt meiner Brust
Verständniß,
Und Trost für meine stillen Qualen
hat.

Essex.

Du bleibst doch immer dieser süße
Träumer.
Schlag Dir die Grillen aus dem Kopfe,
Freund!
Bekomme ich das irische Commando —
Und ich bekomm's — so gehst Du mit
hinüber
Als Commandant der Reiterei, und
schlingst,
Eh' Du der zarten Myrthe blühend
Reis

Dem holden Bräutchen in die Haare
flichst,
Dir selbst den grünen Lorbeer um die
Schläfe!
    Southampton.
O, glaube nicht, daß in der Liebe
Flammen
Die Wünsche meiner Ruhmbegierde
starben!
    Essex.
Die Liebe laß dem taubenherz'gen Jüng-
ling,
Der Zwiesprach hält mit wesenloser
Luft —
Hier handelt 's sich um andre Dinge,
Freund!
So lang' die Männer an der Spitze
sind,
Die mit dem Willen unsrer Königin
Ein schnödes Spiel für ihre Zwecke
treiben,
So lange sind wir unsres Kopf's nicht
sicher. —
Was Gallien Cäsar'n war, das sei uns
Irland.
Wir schaffen uns ein Heer, für das
wir sind,
Was ein Gestirn dem steuernden Pi-
loten;
Wir stürzen sie, die uns zu stürzen
sinnen:
Besteigt dann, nach dem Tode der Mo-
narchin,
Jakob von Schottland, unser Freund,
den Thron,
Genießen wir in Frieden und in Ruhe,
Die Früchte vieler kampfesheißen Jahre.
  Southampton (nach links deutend).
    Kommt dort nicht Blount?
    Essex.
      Er ist's! Sieh diesen Gang!

    Dritte Scene.
Die Vorigen. Blount kommt von
rechts, zierlich auftretend, eine gelerne Schach-
figur an rothem Bande am linken Aermel
tragend.)
    Essex.
Schach Eurer Königin, Sir Blount!
    Blount.
      Graf Essex
Ich bitt' Euch, geht nicht zu verschwen-
derisch
Mit Eurem Witze um: Ihr seid noch
jung,
Und bald verausgabt ist das Capital.
Witz-Monopole werden nicht verliehen,
Wie man z. B. Monopole . . .
    Essex.
      Sir!
    Blount.
Auf Wein erhält.
    Essex.
Ihr wißt, daß die Monarchin
Mir dieses Monopol entzogen hat.
Weßhalb erinnert Ihr daran? Um mich
Zu kränken?
    Blount.
    Gott behüte! Wessen Witz
Wär' wohl so krank, sich an den mäch't-
gen Essex,
Den Günstling der Elisabeth zu wagen,
Der viel zu reich an Gunstbeweisen
der
Monarchin ist, um durch den Mangel
dieses
Entzognen Monopols verarmt zu sein.
Mißgönnt mir doch dies kleine Zeichen
nicht!
(Auf die Schachfigur deutend.)
Ihr brauchet nicht zu prahlen; nur der
Arme
Muß Kleinigkeiten einen Werth ver-
leihn,
Der für die Reichen kaum verständlich
wird.

Allein so klein dies goldne Zeichen ist —
Von meiner Königin hab' ich's erhalten,
Und dieser Umstand macht's an Werth
 unschätzbar,
Ja, Dinge noch geringrer Art, als die
 Figur, wenn sie von ihren Händen
 kommen,
Erhalten Werth sofort, wie eine Null,
Wenn eine Ziffer ihr voran sich stellt.
Gesetzt den Fall, es würde ihr be-
 lieben
Ohrfeigen mir zu geben . . .
   Essex.
     Sir!
  Blount.
     Ich sage:
Gesetzt den Fall! — Ich weiß sehr
 wohl, daß solcher
Vertraulichkeit sich nur . . .
   Essex.
    Nicht weiter, Sir!
   Blount.
Ich glaub', ich ließe mir das Ohr ver-
 golden,
Das ihre Hand geruhte zu berühren.
  Essex (an's Schwert greifend).
Das mir?
  Blount (an's Schwert greifend).
Das, und noch mehr, so Ihr es wollt!
   Essex.
Heraus, das Schwert!
  (Beide ziehen und fechten.)
   Southampton.
Ich bitt' Euch, haltet ein! — Die
 Königin!
(Die Kämpfenden halten ein, nachdem Blount
den Essex verwundet hat, und der Verwundete
von den Armen Southamptons aufgefangen
worden ist.)

   Vierte Scene.
Die Vorigen. Die Königin, Ce-
cil, Nottingham, Bacon, Ra-
leigh und Gefolge kommen aus
  der Loge.
   Königin.
Entblößte Schwerter? — Und an die-
 sem Orte?
Was seh' ich! — Essex in den Armen
Southampton's? — Todt? — Ver-
 wundet? — Sprecht! —
  Essex (mit schwacher Stimme).
War das die Stimme meiner Königin?
  Cecil (zur Königin).
Er lebt, er schlägt die Augen auf.
  Königin (zu Blount).
     Wie kam
Es zu so blut'gem Streit, Sir Blount?
   Blount.
     Bei Gott,
Ich trage keine Schuld an diesem
 Kampfe.
Er war's, der mich, den Friedlichen,
 verhöhnte,
Und als ich ihm auf seine Stichel-
 rede,
Wie ihm gebührt, mit scharfem Wort
 gedient,
Zuerst den Degen aus der Scheide zog.
   Essex.
Der Narr, der mit dem Zeichen Eurer
 Gunst,
Das er an rothem Band am Ermel
 trägt,
Das Aug' der blöden Menge unter-
 hält!
Ein solch' unschätzbar Kleinod hegt man
 still
Und freut sich sein in Demuth, ohne
 Prunk.
   Blount.
Wie, soll ich die Figur am Arm nicht
 tragen,
Da dieser Graf am Knie den Orden
 trägt?

Königin.

Mylord von Essex und Sir Blount,
obgleich
Ihr Beide tadelnswerth, so will ich
doch
Den blut'gen Streit um meine Gunst
verzeihen.
Doch laßt mich Zeuge sein, daß Ihr
den Groll
Vergeßt! — Reicht Euch die Hände!
Schließet Frieden!
(Beide zögern.)
Ich bitt' Euch, Essex! — Blount —
muß ich befehlen?
(Beide zögern immer noch.)
Wo ist die Wache? — Beim Allmäch=
tigen!
Wer sich noch weigert — wandert in
den Tower!

Essex.

Es ließe das Gefängniß sich ertragen,
Doch nicht die Ungunst Eurer Majestät.
Hier Blount, ist meine Hand!

Blount.
Und hier die meine.

Königin.

So recht. — Mylord von Southamp=
ton, geleitet
Den Freund nach Hause. — Edler
Essex,
Ich werd' Euch meinen Leibarzt, Ma=
sters, senden.
Laßt Eurer Wunde Pflege angedeihn,
Und hindert nicht durch Ungeduld die
Heilung,
Damit wir bald im Staatsrath Euch
erblicken.
(Die Königin geht mit Gefolgerechts, Essex, am
Arme Southamptons langsam links ab.

Fünfte Scene.

Cecil, Nottingham, Bacon,
Raleigh und Blount bleiben.

Cecil (zu Blount).
Ihr habt uns einen schönen Streich ge=
spielt!

Ich?
Ihr!

Blount.
Raleigh.
Blount.
Durch diesen Zweikampf?

Cecil.
Allerdings.

Blount.
Da bleib' ein Andrer ruhig!

Nottingham.
Aber Blount...

Blount.
Blount hin, Blount her — ich hatt'
es satt!

Cecil.
Wir nicht?
Wer unter uns ward nicht beleidigt
schon
Von diesem ungezognen großen Kinde?
Soll Euch Sir Raleigh wiederholt er=
zählen,
Wie er die Gunst der Königin verlor?

Blount.
Ich weiß, ich weiß.

Cecil.
Und wie benahm er sich
In dem Verhältniß zu der edlen Dame,
Die Eure Gattin ist, Graf Nottingham!
Mit Hohn vergalt er ihre treue Liebe,
Und...

Nottingham.
Laßt das ruhn, Sir Robert. — Das
steht fest:
Wir Alle sinnen Tag und Nacht dar=
auf,
Den Günstling der Elisabeth zu stürzen,
Ihn ihrem Herzen langsam zu entfrem=
den —
(zu Blount.) Da knüpft ihn Eures Zor=
nes Unbedacht
Auf's Neue fester an ihr Mitleid an.

          Blount.
Hätt' ich ihm nur genug gegeben!
          Wetter —
Ich will nicht ruhn, bis er am Boden
     liegt.
Ich habe niemals einen Schimpf er-
     duldet.
          Cecil (zu Bacon.)
Was sagt denn unser Philosoph dazu?
          Nottingham.
Er lächelt wieder still in sich hinein.
          Raleigh.
Der große Francis Bacon geht zu karg
Mit den Orakeln seiner Weisheit um.
Wollt Ihr uns arme Menschenkinder
     nicht
Mit Eures Sinnens Resultat beglücken?
          Bacon.
Wenn es Euch glücklich macht — von
     Herzen gern.
Ich bin von diesem Nachspiel mehr er-
     baut,
Als von dem Trauerspiel dort im
     Theater. —
Essex muß fort vom Hofe, muß nach
     Irland —
Das war von je die große Mause-
     falle
Ehrgeiziger Thoren von des Grafen
     Art.
Er selbst ist blind genug, die Stelle
     eines
Lord-Deputy von Irland zu begehren,
Doch hat Elisabeth noch nicht ent-
     schieden,
Denn, wenn es sich um Staatsgeschäfte
     handelt,
Da kennt man ja ihr ewiges Be-
     denken.
Ihr Herz hat sich für Essex schon ent
     schieden,
Doch ihr Verstand mißbilligt ihre
     Wahl,
Drum dieses Zögern, dieses schlaue
     Fragen,

Ob wir den Grafen nicht für fähig
     hielten,
Die Rebellion in Irland zu bewält'gen.
          Nottingham.
Wir werden uns wohlweislich hüten,
     anders
Als mit zweideut'gem Achselzucken zu
Erwidern.
          Bacon.
Theurer Blount, Ihr seid ein wahrer
Deus ex machina in der Komödie,
Die zwischen Essex und Elisabeth
So lang schon spielt und nicht zu Ende
     kommt.
Die tragi-kom'sche Scene, die Ihr eben
Uns hier zum Besten gabt, ist unbe-
     zahlbar.
Die Königin verließ Euch hochentzückt,
Daß Ihr den Kampf für ihre Gunst
     gewagt;
Nicht minder hoch ist Essex jetzt ge-
     stiegen.
Was gilt die Wette: morgen ist der
     Graf
Lord-Deputy von Irland! Er be-
     herrscht
Die Regimenter — wir die Königin,
Und ist er ihren Augen erst entrückt,
Entrücken wir ihn bald auch ihrem
     Herzen.
Drum muß er fort!
          Raleigh.
Doch auch sein Freund Southampton.
          Nottingham.
Der süße Schwärmer für die Kunst der
     Bühne?
Apollo's Liebling? — Ei nun freilich,
     freilich:
Wo ein Achill des Krieges Lorbeer
     pflückt,
Muß ein Homer ihm auf den Fersen
     folgen.
          Cecil.
Sein Thun und Lassen macht mir wenig
     Sorge,

Und seine Freundschaft mit dem tollen
Essex,
Den er für sein Orakel hält und mit
Der ganzen Schwärmerei der Jugend
liebt,
Die wird ihn grade in's Verderben
stürzen.
    Bacon.
Es hat sich Essex dahin ausgesprochen,
Wenn er Lord = Deputy von Irland
wäre,
So würde er den Busenfreund Sout=
hampton
Zum Commandant der Reiterei er=
nennen,
Ein Punkt, der reiflich zu erwägen ist.
Erinnert Euch des Zornes der Mo=
narchin,
Als man des Grafen Wunsch ihr hin=
terbrachte,
Sich mit der Lady Vernon zu ver=
mählen.
Laßt uns daher mit Ueberredungs=
künsten
Auf alle Freunde des Southampton
wirken,
Damit ihn diese im Entschluß bestärken,
Die Lady Vernon zum Altar zu führen,
Ein Schritt, durch den er sich von un=
serm Hof
Auf ew'ge Zeiten selbst verbannt und
Essex,
Als seinen Freund, Rathgeber und Ver=
trauten,
In den Verdacht bei der Monarchin
bringt,
Als förbre er, was gegen ihre Nei=
gung.
    Nottingham.
Wie gut, daß wir den feinen Men=
schenkenner
Und Philosophen zu den Unsern zählen!
    Cecil.
Soll ich Euch sagen, was den Essex
treibt,
Das wenig neidenswerthe Amt in Ir=
land
Für seine eigene Person zu suchen?
Mit achtzehn Tausend Mann will er
die Insel
Erobern. Doch für England? — O,
mit nichten!
Er selbst will dort ein Königreich sich
gründen,
Von England· unabhängig.
    Raleigh.
        Weh ihm, wenn
Er's wagt, die ihm gemäße Diener=
Rolle
Des Günstlings, die er schlau zu spie=
len weiß,
Mit eines Herrschers Rolle zu ver=
tauschen,
Der seine Kräfte nicht gewachsen sind!
    Cecil.
Ich mag es gerne sehn, wenn die Mo=
narchin
Mit diesem oder jenem Günstling tän=
delt. —
Ihr reger Geist, durch wichtige Ge=
schäfte
So mannichfach und sorgenschwer be=
ansprucht,
Mag sich am Spiel mit einer Leiden=
schaft
Ergötzen, deren Tiefe sie nicht kennt,
Und einzuflößen niemals fähig war.
Man gönne diesem königlichen Weibe,
Das eine harte Schule durchgemacht,
Dies Etwas, das es nicht entbehren
kann —
Nur muß ein solcher Pilz, der über
Nacht
Emporgeschossen ist, in unserm Kreis
Bedenken, wen er vor sich hat.
    Raleigh.
        Wohlan,
Ihr Freunde, laßt uns einig sein!
    Nachdem
Wir klar und deutlich eingesehen haben,

Daß dieser übermüth'ge, stolze Graf,
Der, wie ein mächt'ger Baum, mit tie=
 fen Wurzeln
Aus der Monarchin Gunst sein Leben
 saugt,
Nur mit vereinter Kraft zu fällen ist,
So laßt uns vor der Hand den Boden
 lockern,
In den des Baumes Wurzeln sich ver=
 zweigen!
    B l o u n t.
Ihm und der ganzen Sippschaft seiner
 Freunde
Haß und Verachtung bis zu ihrem
 Sturze!
    R a l e i g h.
Kommt dort nicht Shakespeare?
    N o t t i n g h a m.
   Laßt den Komödianten!
    B a c o n.
Ich wünschte sehr, mit ihm bekannt zu
 werden

   Sechste Scene.
D i e   V o r i g e n. S h a k e s p e a r e
kommt aus dem Theater und will links abgehen.
  R a l e i g h geht auf ihn zu.
    R a l e i g h.
Habt guten Abend, Sir!
    S h a k e s p e a r e.
     Ich danke Euch,
Sir Walter Raleigh. — Ihr entziehet
 Euch
Doch nicht der Unterhaltung Eurer
 Freunde?
    R a l e i g h.
Solch eine Störung ist nicht unwill=
 kommen.
  (Er stellt Shakespeare vor.)
Der Dichter William Shakespeare. (Zu
 Shakespeare.) Meine Freunde:
Lord Nottingham, Sir Robert Cecil,
 Bacon.

    B a c o n.
Wir sind von Eurem Stücke sehr er=
 baut,
Und gern gesteh' ich, daß es Euch ge=
 lang,
Was mir bei Dichtern selten nur be=
 gegnet:
Ihr habt mich so gerührt, daß ich mich
 frug:
Wie kann das Auge sich mit Thränen
 füllen
Bei dem Geschick von Wesen, die ein
 Traum
Gebar, ein Spiel der Phantasie des
 Dichters?
    S h a k e s p e a r e.
Sind es auch Wesen meiner Phan=
 tasie,
So sind es Wesen doch von Fleisch
 und Bein,
Die von dem Leben ihre Farben
 borgten
Und in der Dichtung reizendes Ge=
 wand
Sich hüllen, um den tiefen Ernst der
 Wahrheit
Gefäll'ger in die Seele uns zu träufeln,
Als es das dürre Wort des Philo=
 sophen,
Als es des Redners arme Kunst ver=
 mag.
    N o t t i n g h a m.
Da habt Ihr's, Bacon.
    B a c o n.
   Sehr natürlich, Freund!
Sir Shakespeare ist ein Dichter, und
 nie zählte
Die Jüngerschaar des Philosophenthums
Verliebte, Narr'n und Dichter zu den
 ihren.
   S h a k e s p e a r e (lächelnd).
Und dennoch birgt der Liebe süßes
 Tändeln,
Ihr Antrieb, ihre Macht und ihre
 Stärke

Sammt all dem unverstandnen, närr-
  schen Treiben,
Das sie begleitet, mehr Philosophie,
Als sich der Schule Weisheit träumen
  läßt.
Selbst eines Narren Thun birgt goldne
  Wahrheit,
Und da der Dichter so ein Zwischen-
  ding
Vom Narrn und vom Verliebten ist, so
  darf
Auch er wohl reden, wo Philosophie
Mit tiefem Ernst die Rednerlippe öffnet.
Quod erat demonstrandum, werther Sir.
  Nottingham.
Wenn man die Weltgeschichte nur ver-
  schonte,
Um diese derbe Speise zu bereiten!
Denn abgesehn davon, daß Alles doch
In Wirklichkeit ganz anders war, als es
In Jambenform das blöde Volk ver-
  schluckt,
Ist auf der Bühne nicht der Ort dazu,
Den Ernst der Weltgeschichte zu ver-
  handeln.
  Shakespeare.
Glaubt nicht, Lord Nottingham, daß
  stets die Leute
Den großen Gang der Weltgeschichte
  kennen,
Die durch den Zufall auf der Höhe
  stehn,
Wo das Geschick der Völker wird be-
  rathen.
Berathen, sag' ich, — denn die Welt-
  geschichte
Geht meist doch einen andern Weg,
  als den,
Auf dem sie ihre Diener wandeln sieht;
Sie kümmert sich um Hofintriguen
  nicht,
Und jeder Bauer, der am Pfluge geht —
Wenn er in ihrem Sinn sein Amt
  verwaltet —
Ist ihr so lieb, wie ein gefürstet Haupt.

Weshalb soll ich aus der Geschichte
  nicht,
Aus der Geschichte meines Vater-
  landes,
Aus dem gewalt'gen Rüsthaus für den
  Denker,
Die Stoffe meiner Dramen kühn ent-
  lehnen?
Ist die Geschichte Privilegium?
Wenn sie das wäre — doch sie ist es
  nicht! —
So hat der Dichter nicht das letzte
  Recht,
Um ihren Geist sich eifrig zu be-
  werben.

  Nottingham (achselzuckend).
'S ist eben eine Frucht des neuen
  Geistes,
Der auch im Parlamente schon sich
  zeigt,
Wo man so gern die inhaltlosen Reden
Mit blumenreichen Dichterworten spickt,
Daß Jeder, dessen geist'ger Horizont
Um eine kleine Spanne größer wird,
Sich auch sogleich auf Politik verlegt.
Psychologie, das ist des Dichters Feld,
Das er beackern muß — nicht Politik.

  Shakespeare.
Die Politik ist meist Psychologie,
Denn viel Geschreibsel, und viel Blut-
  vergießen
Kann sich der kluge Mann der Politik
Ersparen, der den Gegner nicht allein
Nach seinem äußeren Vermögen kennt,
Der ihm vielmehr in's Herz zu schauen
  weiß.

  Nottingham.
Ah, deshalb flieht Southampton unsern
  Kreis
Und lauscht so fleißig Euren Dichter-
  worten!
Da müssen wir uns sehr zusammen-
  nehmen
Vor diesem **Nebenbuhler** in der Gunst

Der Königin! Gebt Acht, gebt Acht,
  wenn er
Uns nächstens freundschaftlich die Hände
  drückt,
Berührt er heimlich unsern Puls, und
  weiß
Sofort was wir noch selbst nicht wissen:
Das künftige Geheimniß unsrer Seele!

Shakespeare.
O, spottet immerhin, Graf Nottingham!
Noch les' ich in Southampton's schönen
  Augen
Die Schaam, dem Komödianten sich zu
  nähern,
Und ich bin viel zu stolz, mit Bettler-
  worten
Um seine Gunst mich kriechend zu be-
  werben;
Das aber schwör' ich Euch: besiegt der
  Graf
Die knabenhafte Scheu vor meinem
  Stande,
Zeigt er sich meiner ganzen Freund-
  schaft werth,
So wird ihm das zum Vortheil wohl
  gereichen,
Was mir Befriedigung des Herzens ist.
Dann, wehe Denen, die ihm feindlich
  sind!
Sie haben nicht an ihm allein den
  Gegner!
Glaubt mir, das Wort ist eine mächt'ge
  Waffe,
Graf Nottingham, vielleicht viel mäch-
  tiger,
Als Ihr Euch träumen laßt! Wenn
  ich einmal
Den Dichter mit dem Staatsmann tau-
  schen wollte —
Mit Euch würd' ich mich wohl noch
  messen können!

Nottingham.
Ihr würdet eine schöne Rolle spielen,
Wenn Ihr den Dichter mit dem Staats-
  mann tauschtet.

Shakespeare.
Wer weiß, was noch geschieht, Lord
  Nottingham,
Und wo wir Beide uns einmal be-
  gegnen
Auf dieses Lebens vielbewegter Bühne,
Auf der Ihr eine stolze Rolle spielt!
Doch glaubet mir: es ist gleich ehren-
  voll
Durch seinen Rath den Herrscher unter-
  stützen,
Als durch begeistrungsvolle Dichter-
  worte
Ein Volk an seine großen Todten
  mahnen;
In seiner eigenen Vergangenheit
Ihm seiner Zukunft ganze Größe zeigen,
Und in der Gegenwart des Trostes
  Balsam
In tausend zweifelvolle Herzen träufeln.
Das ist mein Amt, und wer es mir
  gegeben,
Ist ein noch größerer Monarch, als
  der,
Dem Ihr die Lordschaft zu verdanken
  habt.
Und diesem Amt, das ich bisher ver-
  waltet,
Bleib' ich getreu, bis dieses Herz er-
  kaltet!
(Er geht rasch ab.)

Zweiter Aufzug.

Erste Scene.

Ein Zimmer im königlichen Palaste.
Mittelthüre, Thüre links.

Lord und Lady Nottingham.

Nottingham.
Du bist zu ängstlich, theures Weib. Er
  muß
Nach Irland. Also nimm den Vortheil
  wahr,

Den Dir die Freundschaft der Monar=
  chin bietet,
Und unterschätze kein Atom von Grün=
  den,
Sie in dem schwachen Vorsatz zu be=
  stärken,
Dem übermüth'gen Günstling, diesem
  Esser,
Den irischen Kommandostab zu geben.
            Lady Nottingham.
Ihr denkt von seinem Einfluß viel zu
  hoch.
Sein Fahrzeug wiegt sich nicht gemäch=
  lich mehr
Auf milden Wogen königlicher Gunst;
Der Wind, der seine Segel üppig
  schwellte,
Hat sich gelegt.
            Nottingham.
          Und ihre zärtliche
Besorgniß während seiner Krankheit? —
  Lehre
Die Königin mich kennen! — Grund=
  los zürnen,
Um Grund zu haben, doppelt ihn zu
  lieben,
Das ist so ihre Art. Du kennst sie ja.
            Lady Nottingham.
Laß mich aus diesem Spiel — ich
  bitte Dich.
            Nottingham.
So willst Du, daß ich Dich erinnern
  soll,
Daß er Dein Feind so gut als uns=
  rer ist?
            Lady Nottingham.
Laß das Vergangne ruhn!
            Nottingham.
          Wie er Dir höhnend
Die Briefe wiedergab, die Du ge=
  schrieben,
Als noch Dein Herz in Liebe für ihn
  glühte?

            Lady Nottingham.
O, woran mahnst Du mich! — Der
  Schändliche!
            Nottingham.
Wie er des schnellen Siegs sich rühmte,
  den . . .
            Lady Nottingham.
Willst Du mich rasend machen?
            Nottingham.
           Sehen willst Du,
Tagtäglich sehn, wie dieser eitle Narr
Den kurzen Seitenblick, den er Dir
  gönnt,
Mit jenem Lächeln zu verbinden
  weiß . . .?
            Lady Nottingham.
Du wühlst ein Meer von stürmischen
  Gedanken,
Das schon die Zeit geebnet hatte, auf.
            Nottingham.
So dürfen wir auf Deinen Beistand
  rechnen?
            Lady Nottingham.
Ihr dürft's.
            Nottingham.
So recht, mein theures Weib!
           Zwar weiß
Ich nicht, wie ich der Kön'gin gegen=
  über . . .
            Nottingham.
Schon wieder wankend?
            Lady Nottingham.
         Wenn Ihr Scharfsinn nur
Die Absicht unsres Herzens nicht er=
  räth!
In ihrem Blick liegt ein so seltsam
  Etwas —
Eh die Gedanken noch zum Wort ge=
  reift,
Erräth sie ihren Inhalt aus den Mienen.
Und dann — was habet Ihr von sei=
  nem Sturze?

Indem Ihr dieses Feindes Euch ent=
ledigt,
Ersteht Euch in Southampton schon ein
anbrer.
Ich müßte sehr mich täuschen, wenn
ihr Zorn
Bei dem Gedanken an Southampton's
Liebe
Zu Lady Vernon nicht die Sprache ist,
In der sich andre Wünsche offenbaren.

Nottingham.
Du Närrchen! Mit Southampton wol=
len wir
Schon fertig werden. Sorge Du für
Essex,
Und laß uns den Adonis nur; für
den
Wird doch der Eber wohl zu finden
sein,
Der ihn für diese (lachend) goldgelockte
Venus
Zum Gegenstand verliebter Klagen
macht.

Lady Nottingham.
Dies ist die Stunde, wo sie kommt.

Nottingham.
So laß
Ich Dich mit ihr allein. — Sei klug
und denke
An unsern Vortheil und — an Deine
Rache!
(Ab durch die Mitte.)

Zweite Scene.

Lady Nottingham.
Ja, rächen will ich mich an diesem
Manne,
Ihn stürzen von der leicht erklomm'=
nen Höhe,
Und höhnend seinem jähen Sturze
lächeln! —
Hingebend lieben und verschmäht zu
werden
Für einer Kön'gin launenhafte Gunst —

O Essex, Du verkennst das Herz des
Weibes,
Glaubst Du, es würde Großmuth üben,
wenn
Es, so gekränkt, an einer Wunde
blutet,
Die nur allein die Rache stillen kann!

Dritte Scene.
Königin. Gräfin Nottingham.

Königin (durch die Thüre links auftretend).
Wie steht's um Essex, Gräfin Notting=
ham?

Nottingham.
Die süße Kost, die Eure Majestät
Ihm eigenhändig zu bereiten sich
Herabließ, hat ihn wunderfam gestärkt.

Königin.
Ich wollt' er wäre wieder ganz ge=
sund.
Er soll nach Irland. Meine Räthe
sind
Nun auch einstimmig meiner Ansicht,
daß
Der populäre Graf, der sich die Sym=
pathieen
Der Katholiken zu erzeugen wußte,
Die beste und geeignetste Person,
Das Blut der offnen Wunde unsres
Reiches,
Dies Irland endlich zu beruhigen.
(Ein Page tritt auf mit einem Briefe, welchen
er, sich verneigend, der Königin übergiebt.)

Page.
Vom Grafen Essex an die Königin.
(Ab.)

Königin (der Nottingham den Brief über=
gebend).
Ich bitt' Euch, Gräfin, les't den Brief
mir vor.

Nottingham (liest).
„Glorreiche Königin! Welche Worte
soll ich wählen, die unergründliche Tiefe
des Dankes auszusprechen für die Gnade,
mit welcher Du mich Unwürdigen auf's

Neue beschenkt hast! Ich erkenne die
Armuth der Sprache und beklage sie.
Wenn schon die Majestät Deiner Er-
scheinung, die wie das strahlende Ge-
stirn des Tages mit der Fülle seines
Lichtes verschwenderisch die kleineren
Planeten ausstattet, uns zu willenlosen
Sklaven macht: wie wird doch jene
Majestät, jene lichte Glorie, die Deine
Gestalt umgiebt, in Schatten gestellt
durch die übermenschliche Güte und
Großmuth Deines Herzens, deren süße
Wirkungen ich als ein unverdientes Ge-
schenk Deiner Gnade zu empfinden ge-
würdigt werde.
Ewig Dein treuster Diener und Sklave
Essex" (bei Seite.) Der Heuchler!

Königin.
Darf ich dem Zauber dieser Worte
trauen?

Nottingham.
Wenn es nur Worte sind, mit Absicht zu
Papier gebracht ...

Königin.
Nein, nein, ich kenne ihn!
Es ist der Ausdruck innigster Vereh-
rung.
Er schmeichelt nicht. Die große Offen-
heit,
Mit der er stets sein Inneres entfaltet,
Die macht ihn mir vor allen Andern
theuer.
Ich ehre Cecil's Fleiß und seine Um-
sicht;
Der kluge Bacon ist mir unentbehrlich,
Wenn an der feinen Deutung der Ge-
setze
Die Klugheit meiner Räthe scheitern
will;
Cavendish, Raleigh und der tapfre Drake,
Der fern im Westen unser Reich ver-
doppelt,
Ein zweites Albion für uns entdeckte,
Und all die andern Männer und Ta-
lente,
Die unserer Regierung Glanz vermehren,
Sie alle leihen mir nur einen Theil
Von ihrem edlen Selbst — sie dienen
nur
Der Königin, die ihre Größe för-
dert —
Doch Essex dient mir mit der ganzen
Seele;
Er liebt mich! — Wär' es nicht mein
fester Wille,
Als jungfräuliche Königin zu sterben,
Vermählt allein mit meines Volkes
Liebe, —
Doch weg mit diesen kindischen Ge-
danken!
Es kann nicht sein. —

Nottingham (bei Seite).
Und daß es nicht so wird,
Das werden wir mit aller Kraft be-
treiben

Königin.
Zu andern Dingen! — — Was er-
zählt man sich
Vom Grafen Southampton und über
sein
Verhältniß zu der Vernon?

Nottingham.
Wie man hört,
Ist er entschlossen, sie zu ehlichen.

Königin.
So schlägt er ihre Liebe höher an,
Als meine Gunst?

Nottingham.
Vielleicht, daß seine Freunde
Ihn eines Bessern überreden werden.
Essex hat einen zu gewalt'gen Einfluß
Auf ihn und weiß, wie Eure Majestät
In dieser Eheangelegenheit gesinnt.

Königin.
Möcht' er sich überreden lassen! Sonst —
Bei unserm Zorn! — Er wage nie
sich mehr
In unsre Nähe! — Er verlangt zu
wissen,

Weshalb ich gegen diese Ehe bin?
Genügen soll es ihm, daß ich es bin.

Vierte Scene.
Die Vorigen. Cecil.

Cecil.
Verzeihung, wenn ich störe, Königin.

Königin.
Ihr wißt, Sir Robert, daß wir Staats-
geschäften
Den Reiz der flücht'gen Unterhaltung
opfern.
Gräfin von Nottingham, laßt eine Weile
Mit meinem Kanzler mich allein.
(Nottingham verbeugt sich und geht durch die Thüre links ab.)

Fünfte Scene.
Königin. Cecil.

Königin.
Nun, Cecil,
Was künden diese finstern Züge mir?

Cecil.
Nachricht aus Irland, Majestät.

Königin.
Irland!
Ich höre schon die Variationen, die
Auf dieses Thema folgen. — Sprecht,
Cecil.

Cecil.
Es traf ein Bote mit der Nachricht ein,
Daß bei dem Fort Blackwater in Tyrone
Bagnal mit fünfzehnhundert Mann ge-
fallen.
Geschütz und Munition, die Festung
selbst
Fiel in die Hand des Feindes, den die
Seinen
Als den Erretter ihres Landes preisen.

Königin.
Ihr waret viel zu lässig in der Sache.
Essex hat Recht, daß achtzehntausend
Mann
Kerntruppen aus den Niederlanden
kaum
Genügen, des Empörers Herr zu wer-
den.
Jedwede Grafschaft soll ihr Contin-
gent
Zu einem neuen großen Feldzug liefern.
Ein Schlag soll alle Hoffnungen der
Feinde
Zu nichte machen. — Essex soll hin-
über.
O, wär' er doch so weit genesen schon,
Daß er die Sache rasch beenden könnte!

Cecil.
Er harrt im Vorgemache, Majestät.

Königin.
So laßt ihn ein! — (Bei Seite.) Mich
drängt es, ihn zu sehn.

Cecil (öffnet die Thüre im Hintergrunde und
winkt Essex hereinzukommen.)

Sechste Scene.
Die Vorigen. Essex.

Essex (stürzt herein und läßt sich vor der
Königin auf ein Knie nieder).
Erhabene Gebieterin, vergönne
Mir diesen Ausbruch meiner tiefen De-
muth,
Denn willig folgt mein Knie dem hol-
den Zwang,
Den Deine Näh' unwiderstehlich übt.
In Wonne küßt mein Knie den niedern
Boden,
Den meiner Kön'gin zarter Fuß be-
rührt.
Und, wie die Wimper mitleidsvoll das
Aug'
Verhüllet, wenn sein Blick zu frei, zu
kühn
Zum Glanzgestirn des Tages sich er-
hebt,
So leistet sie auch jetzt den schönen
Dienst,
Denn allzu blendend schwebt in lichter
Glorie

Der Sonnen schönste über meinem
Haupt.
Königin.
Steht auf, Mylord! (Sie reicht ihm die
Hand zum Kusse).
Essex (die Hand der Königin ergreifend und
sie küssend).
O, diese güt'ge Hand,
Die königliche Hand, die sich herabließ,
Dem armen Kranken Speise zu be=
reiten! (Steht auf.)
Königin.
Seid Ihr vollständig wieder wohl, My=
lord?
Ihr seid noch blaß, bedürfet noch der
Schonung.
Essex.
O Königin, in Eurem Dienste wird
Die schwache Kraft sich stärken, neuver=
jüngt
Die Förderin des hehren Ruhmes wer=
den,
Der seinen vollsten, seinen schönsten
Kranz
Um diese königlichen Schläfen flicht!
Cecil.
Dazu ist reichliche Gelegenheit
Vorhanden. Irlands waldbedeckte Flur
Dürft' kaum ein minder großer Schau=
platz sein
Für Eure kriegerischen Heldenthaten,
Als es die hartbedrängten Niederlande
Und die hispanischen Gefilde waren.
Essex.
Auf welchem Boden auch mein Ruhm
erblüht,
Stets werd' ich dessen eingedenk ver=
bleiben:
Daß es die Gnade der Monarchin ist,
Die dieser Pflanze Leben und Gedeih'n
Und Luft und Sonnenschein verliehen
hat.
Königin.
Ihr saht mit neid'schem Aug', daß
meine Gunst
Sir Blount in einem Augenblick der
Laune
Mit einer goldnen Schachfigur be=
schenkte —
Wohlan, Mylord, nehmt diesen Ring
von mir
Und tragt ihn als ein Zeichen meiner
Gunst.
(Bedeutungsvoll.) Nur in der Menschen
Schätzung ruht der Werth
Der Dinge! (Sie giebt ihm einen Ring.)
Essex (den Ring nehmend, ihn küssend und
ansteckend.)
Dieses ist unschätzbar!
Königin.
Nicht doch!
Der Ring sei meiner Gnade Unter=
pfand.
Sollt' es sich je ereignen können, My=
lord,
Daß Ihr sie nöthig hättet, so gedenkt
Des Rings und sendet ihn der Ge=
berin.
Essex (entzückt).
O, wie vergelt' ich diese große Güte,
Die ihres Gleichen nur da droben hat,
Im Chor der Engel, der noch unvoll=
zählig,
So lang Dein Fuß die niedre Erde
küßt.
Königin (lächelnd.)
Ich hoffe nicht, daß meine Unterthanen
Den heißen Wunsch in ihr Gebet ver=
flechten,
Daß Englands Königin, der Welt ent=
rückt,
Die Lücke in dem Chor der Engel fülle.
Es giebt hier unten noch gar viel zu
thun.
Ihr sollt nach Irland, Essex.
Essex.
Gern und freudig
Nehm' ich den ehrenvollen Auftrag
an.

Königin.

Die Fordrungen, die Ihr gestellt, sind Euch
Bewilligt, aber schlagt mir den Empörer,
Den trotzigen Tyrone, so auf's Haupt,
Daß er es nie mehr zu erheben wagt!

Cecil.

Nur keine Unterhandlungen, Mylord!

Königin.

Nur blut'ge Strenge kann in Irland frommen.
Dies Drachennest für der Papisten Pläne,
In das der spanische Erbfeind sich verkriecht,
Und über's Meer herüber bis zu uns
Die gier'gen Hände streckt, gefüllt mit Saamen
Der Rebellion, des Aufruhrs, der Empörung —
Ich will's zerstören, kost' es, was es wolle!

Essex.

Durch meinen Arm — so Gott mir Beistand leiht!

Königin.

Sir Robert Cecil und Mylord von Essex,
Wir bitten Euch um Eure Gegenwart
Im Staatsrath, der sich gleich versammeln wird.
Wir werden dort das Weitere berathen
Und Euch genaue Instruktionen geben.
(Sie geht durch die Thüre links ab.)

Siebente Scene.

Essex. Cecil.

Cecil.

Ich gratulire zum Kommandostab!

Essex (stolz).

Dank Euch! — (Triumphirend.) So hätt'
ich also doch gesiegt!

Cecil.

Und wir bekennen uns geschlagen, Mylord.

Essex.

O, eine Salve möcht' ich lösen lassen,
Die meinen Jubel zu den Sternen trüge!
Lebt wohl, Cecil, (Mit Ironie) empfehlt mich Euren Freunden,
Besonders meinem lieben Schwager Blount!
(Ab durch die Mitte.)

Achte Scene.

Cecil (allein).

Wahnsinn'ger Thor, Du wirst den Hohn bereun!
Du glaubst an Deinen Sieg — gut, glaub' und juble!
Wir aber jubeln über dieses Jubeln!
(Ab durch die Mitte.)

Verwandlung.

Schenkzimmer im Wirthshause „Zum Elephanten." Mittelthüre. Thüre links.
An einem Tische rechts sitzen Southampton und Burbadge; an einem Tische links:
Penn, Davers und Tarleton.

Neunte Scene.

Southampton (auf den Tisch links deutend, an welchem laute Fröhlichkeit herrscht.)

Sind das Schauspieler dort?

Burbadge.

Und zwar recht brauchbare, Mylord.
Armuth gehört zwar zu den Attributen unseres Standes, allein Fröhlichkeit und Sorglosigkeit und der göttliche Leichtsinn sind ihre trostreichen Gefährten.

Southampton.

Nur darf diese Freundschaft nicht zu intim werden. (Auf Tarleton deutend) Wer ist der Kleine, Blasse, Hagere?

Burbadge.

Ein früherer Chorknabe von St. Albans. Er spielt die Julia ganz unvergleichlich. Der rothnasige Schlingel dort (Auf Penn deutend) hat die Narren und Clowns.

Southampton.

Seine gerunzelte Stirn läßt eher auf einen brütenden Philosophen, als auf eine Vorrathskammer von Humor schließen.

Burbadge.

Penn!

Penn.

Störe mich nicht in meiner Behaglichkeit, Burbadge! Wenn Du aber einen Gedanken hast, der sich mit Gemüthsruhe und einem Glase Sekt verträgt, so laß hören! Sonst folge meinem Beispiel: (Er trinkt) trinke Deinen Sekt und mache Deine Randglossen hinter den Koulissen.

Burbadge.

Man hält Dich für einen Philosophen, Penn. Was meinst Du dazu?

Penn.

Da mag man in gewissem Sinne Recht haben, denn es gehört schon eine tüchtige Portion Philosophie dazu, mit den verschrobenen Gedanken eines hirnverbrannten Poeten sich dem Wurf mit faulen Aepfeln auszusetzen.

Davers.

Ich glaube nicht, Penn, daß Du solche lästerliche Redensarten führen würdest, wenn unser William hier wäre.

Penn.

Er, oder ein anderer Federfuchser! Gott's Blitz, warum ist er nicht hier? — Was zieht ihn ab von Sekt und anständiger Gesellschaft? Ich glaube der Hochmuth liebäugelt mit seinem Genie, seitdem die Königin sich herabließ, in höchsteigener Person das Globustheater zu besuchen und seine Jamben anzuhören.

Zehnte Scene.

Die Vorigen. Oldcastle tritt auf.

Tarleton.

Ah, da kommt Ersatz! Doppelter und dreifacher!

Penn.

Willkommen, Sir John!

Davers.

Willkommen Biertonne! Wie geht's?

Oldcastle.

Wie geht's? — Was kümmert Dich das Zwiegespräch meiner Schritte mit dem hölzernen Boden? Als ob ein Mensch, der seine zwei gesunden Augen im Kopfe hat, nicht sehen könnte, daß es sehr langsam gehen muß, wenn zwei Beinen die Last einer solchen Constitution aufgebürdet ist. — Ah! — (Er setzt sich an den Tisch links.) He, Sekt her! Sekt! Ist das eine verfluchte Hundekneipe!

(Ein Aufwärter bedient Oldcastle und geht ab.)

Southampton (zu Burbadge).

Wer ist der dicke Mann?

Burbadge.

Sir John Oldcastle, ein Werbeoffizier im Dienste der Königin.

Tarleton.

Ihr scheint in schlechtem Humor zu sein, Sir John.

Oldcastle.

So, Du naseweises Milchgesicht? Willst Du etwa für mich Deinen zarten Gliederbau mit einem Schwerte umgürten und auf Werbung von Mannschaften ausgehen? Ich wollte, ich hätte Dein dünnes Stimmchen und Dein bartloses Kinn; aber die Natur hat mich zu meiner Qual mit zu viel Mannhaftigkeit ausstaffirt, um den Augen eines tapfern Feldherrn zu entgehen.

Davers.

Steht wieder was bevor, Sir John?

Oldcastle.

Leider, leider, mein Sohn! Die irländischen Hunde fangen wieder an, lauter zu bellen; wir sollen hinüber, ihnen das Maul zu stopfen. Wetter über diese Schufte, die einem ehrlichen Manne keine Ruhe gönnen! Und dann ist es (Er trinkt) auch überhaupt besser, sich am Leben zu freuen, als mit dem Tode ein gefährliches Spiel zu treiben.

Burbadge.

Wie — Sir John ein Feigling?

Oldcastle.

Ihr habt gut von Kühnheit reden! Was fragt Ihr nach einem Todtschlag? Ihr seid privilegirte Mörder. Ihr laßt Euch alle Tage für einen Schilling umbringen und braucht nicht auf das Signal eines Posaunenengels zu warten, um Eure Auferstehung zu feiern, was nach gewisser Leute Meinung bis zum jüngsten Tage währen soll. Ich danke schön! (Er trinkt.)

Tarleton.

Aber der Ruhm, Sir John, der Ruhm!

Oldcastle.

Der das Leben als Kaufpreis verlangt? Ich bin kein Freund von Seifenblasen. Soll ich mich auf Kratzfüße einstudiren, um die Glückwünsche meiner Gönner zu erwiedern? Ich? Ist mein Wandel nicht hinreichend mit Mühsal belastet? Und soll ich dulden, daß meine Verehrer an mir zum Henker werden, indem sie mich in effigie aufhängen? Soll ich durch die öffentliche Schaustellung meines edlen Antlitzes tausend armen Weibsbildern eine Neigung einflößen, die ich doch nur zum zehnten Theil erwiedern könnte?

Burbadge.

Der Berühmtheit werdet Ihr doch nicht entgehen, Sir John. Wenn Eure Bescheidenheit auch verschmäht, kriegerischen Ruhm zu erwerben, so wird doch unser guter William Shakespeare dafür sorgen, daß wenigstens die Fülle Euerer geselligen Talente, Euer feines und gleichsam instinktiv-nobles Wesen, Eure Courtoisie ...

Oldcastle.

Und so weiter, und so weiter!

Burbadge.

Der Menge veranschaulicht werden.

Oldcastle.

Der Menge — veranschaulicht werden? Was meinst Du damit, mein allerliebster Kerl?

Tarleton.

Nun, Shakespeare will Euch in einem seiner nächsten Stücke so abkonterfeien, daß man in ganz London mit Fingern auf Euch weisen wird.

Eilfte Scene.

Die Vorigen. Shakespeare tritt auf und bleibt auf einen Wink Burbadge's im Hintergrunde.

Oldcastle.

Das wird William nicht thun. Er wird an meiner Persönlichkeit nicht zum Verräther werden. Sollte er's aber doch thun — Gott's Blitz! - so führe ich hier etwas an der Seite ... (Er steht auf) Dieser elende Federfuchser! Ich werde ihn lehren, seinen Humor auf meine Ehre zu hetzen! Wäre er nur hier! Ich bin sonst der sanftmüthigste Mensch von der Welt, aber jetzt — ich wäre im Stande ...! Wäre er nur hier! Ich würde ihm sagen: William — würde ich sagen, soll ich etwa auch die Welt über Deine erhabene Vergangenheit aufklären? Soll ich ihr erzählen, welchen hohen Standpunkt Du als Rosselenker einnahmst? Wie Du Kälber in pathetischem Style todtstachst und Lampenputzen zu Deinen genialen Liebhabereien gehörte? Mich dem Hohn der Menge preisgeben! O warte, warte, Du niederträchtiger, spitzbübischer, unkultivirter ....

Shakespeare (nähert sich Oldcastle und klopft ihm auf die Schulter).

Oldcastle (sich umwendend).

Ah ... mein süßer William! — Mein theurer Freund und Kumpan! (Er umarmt ihn, ergreift das Glas und bietet es Shakespeare an.)

Shakespeare.
Wem galten denn diese zärtlichen Epitheta?

(Alle lachen.)

Oldcastle.
Pst! — Still! — Still, sage ich! — — Der Sekt ist vortrefflich, Freund! — So trink doch! Trink! Sauf aus!

Shakespeare.
Nicht eher, bis ich Antwort auf meine Frage habe.

Oldcastle.
Du willst nicht? — Gut! (Er trinkt) Du kannst lange warten, William, bis ich Dir wieder eins zutrinke!

Shakespeare.
Das ist keine Antwort auf meine Frage.

Oldcastle.
Was — mit Gewalt eine Antwort? Nein, nichts mit Gewalt, William! Nichts mit Gewalt! Ich bin ein gutmüthiger Mann, das muß wahr sein, und ein Mann, der keiner Gefälligkeit aus dem Wege geht ...

Shakespeare.
Das weiß Frau Fluth.

Davers.
Und Frau Page.

Burbadge.
Und Jungfer Dortchen.

Oldcastle.
Und Frau Kir und Frau Kar, Ihr satyrischen Schufte! Ihr Alle wißt es: aber wenn Ihr auch zehn Gäule an meine Zunge spanntet — nichts mit Gewalt! — Aber, die Wahrheit zu reden, William, sie haben Dich verläumdet, die da: Tarleton, Penn, Davers und der große Burbadge. Sie sagten, Du wolltest Deine gereimten Glossen über mich reißen von den Brettern herab, die, wie Du sagst, die Welt bedeuten.

Shakespeare.
Und wenn ich das nun thäte, mein süßer Freund?

Oldcastle.
Nein, nein, das wirst Du nicht thun, mein herzallerliebster William! Da ist Penn's rothe Nase, die liefert Dir Feuer genug, zehn Dramen mit Begeisterung zu schreiben; da ist Tarleton's verliebtes Lächeln, sammt seinen kleinen Maulwurfsaugen an diese denke und schreibe Deine unsterblichen Jamben; da ist Davers, der steckt so voll natürlicher Bosheit, daß Du ein Dutzend Tyrannen damit ausstaffiren kannst, ohne ihm Abbruch zu thun; und Burbadge's Renommage beim Sekt liefert Dir das gelungenste Modell zu einem Helden à la Percy. Wetter! Ich habe ja gar keine hervorstechenden Eigenschaften, mit denen Du glänzen könntest; meine Persönlichkeit beruht ja auf der vollkommensten Harmonie mit mir selbst, auf dem Frieden des Gemüthes, den Du nicht stören wirst durch Deine Schreibereien. Nicht wahr, mein Herzensjunge?

Shakespeare.
Du wirst so gut herhalten müssen wie die Andern.

Oldcastle.
Und dann — bedenke meine Stellung! Ein Offizier Ihrer Majestät unserer glorreichen Königin, ein Mitglied

des bevorzugten Standes, der die Nation vor Entartung schützt, das scharf geschliffene Schwert in der Hand der Monarchin. (Mit komischem Ernst.) Laß Dich warnen William, laß Dich warnen!

Shakespeare.
Beruhige Dich, Freund; ich zeige nicht seine Schärfe, nur seine Scharten und Rostflecken.

Oldcastle.
Ich dachte immer, Deine Dichtung lebte von dem Fette Deiner eigenen Einfälle — aber daß Du so zu sagen zum Spitzbuben an meiner Persönlichkeit werden müßtest — das verzeihe Dir Gott, William! — Ist das Kameradschaft? Pfui über solche Kameradschaft! Hole die Pest alle Dichter und Federfuchser! Ich wende mich ab von Dir. — So! — (Er wendet seinen Stuhl so, daß er Shakespeare den Rücken zukehrt.) Stoßt an, Kerle! — Die Pest sage ich nochmals — über alle Schreiber!

Zwölfte Scene.

Die Vorigen. Frau Hurtig tritt auf.

Frau Hurtig.
Ein Herr ist draußen, Sir John, der Euch insgeheim zu sprechen wünscht.

Oldcastle.
Ich bin kein Freund von Heimlichkeiten, was ist es für ein Herr, mein süßes Rippenstück?

Frau Hurtig.
Ich muß mir solche Titulaturen durchaus verbitten, Sir John! Ihr seid in einem anständigen Wirthshause, und in einem Hause, das schon unter dem Vater unserer allergnädigsten Königin — Gott hab' ihn selig! bestand, und in einem Hause...

Oldcastle.
Baumwolle, Baumwolle für meine Ohren! Ihr seid eine Tochter Eva's, die nur ein Rippenstück ihres Mannes war, folglich seid Ihr im Grunde noch weniger als ein Rippenstück. Und damit Punktum. Also was ist es für ein Herr, der mich sprechen will?

Frau Hurtig.
Es ist ein Mann, Sir John, mit dem man nicht gern zu genau bekannt ist. Er trägt eine Hellebarde und ...

Oldcastle.
Himmel, der Sheriff! — Meine gute, meine beste, meine allersüßeste Frau Hurtig, ich bitte Euch, wittert ein Versteck für mich aus und verläugnet einmal Eure Wahrheitsliebe, indem Ihr mich verläugnet!

Frau Hurtig.
Für diesmal will ich meiner Natur Zwang anthun. Kommt mit!

Oldcastle.
Gut, ich folge. — (Zu den Andern.) Aber glaubt nicht, ich sei feige, wenn ich meine Mannhaftigkeit so weit bei Seite lege, mich dem Schutze dieses weiblichen Individuums anzuvertrauen. O ich weiß meine Klinge zu führen! Aber gegen den Sheriff, gegen das verkörperte Prinzip der Gesetzlichkeit zu streiten, das streitet gegen meine Grundsätze und was wäre der Mensch, wenn er keine Grundsätze im Leibe hätte!

Shakespeare.
Sehr richtig bemerkt. —

Oldcastle.
Ich bitte Dich, Penn, gehe hinunter und beruhige den Sheriff!
(Ab mit Frau Hurtig durch die Thüre links.)

Davers.
Er steckt so voll von Grundsätzen, daß er für jeden Fall einen besondren hat.

(Penn, Davers und Tarleton erheben sich und schicken sich zum Weggehen an.)
Penn.
Laßt uns aufbrechen!
(Burbadge hat inzwischen leise mit Shakespeare gesprochen und ihn zu Southampton geführt.)
Burbadge (zu den Andern).
Nehmt mich mit! — (Zu Southampton.) Mylord, Ich lasse Euch in besserer Gesellschaft.
Southampton.
Habt gute Nacht!
(Burbadge verneigt sich, reicht Shakespeare die Hand zum Abschied und geht mit Penn, Davers und Tarleton durch die Thüre im Hintergrunde ab.)

Dreizehnte Scene.
Shakespeare. Southampton.
Southampton.
So ist es mir vergönnt, den Mann zu grüßen,
Auf dessen Poesien ich lange schon
Mit trunknem Ohr gelauscht.
Shakespeare.
Ich freue mich
Des Antheils, den Euch meine Dichtung einflößt.
Erwartet nicht, daß ich, demüthig-stolz,
Bescheid'nen Lumpen gleich, ein Lob verachte,
Um es betheuert nochmals zu vernehmen.
Ich höre gern mein Lob — aus Kennermunde.
Southampton.
So kennt Ihr mich?
Shakespeare.
Wohl kenn' ich Euch, Mylord.
Sollt' ich den Mann nicht kennen, dessen Augen
Allabendlich auf unsern Brettern ruhn?
In dessen Zügen wir den Antheil lesen,
Den unser Spiel zu zeugen fähig ist?
Ihr harrt ja treulich bis zum Ende aus,

Wenn sich der Gründling im Parterre entfernt,
Der zähnestochernd über Poesie,
Wie über Ale und Porter sprechen kann.
Southampton.
Wir müssen uns noch näher kennen lernen.
Shakespeare.
Darf ich Euch bitten, Mylord, mir zu folgen?
Southampton.
Wohin?
Shakespeare.
In meine Wohnung. Freilich müßt
Ihr Euch das Steigen nicht verdrießen lassen,
Ich bin dem Himmel näher als Ihr glaubt.
Southampton.
Es ist des Dichters Pflicht, zu seiner Höhe
Uns mit empor zu ziehn, doch laßt uns bleiben.
Durch trauliches Gespräch wird jeder Raum
Zum Weiheort für die Erinnerung.
(Beide setzen sich.)
Shakespeare.
O diese Wände haben oft genug
Gesprächen tieferen Gehalt's gelauscht!
In jener kleinen Ecke dort, wo ich
Mit meinem Burbadge manche Stunde weilte,
Sind oft genug die schlummernden Gedanken
In traulichem Gespräche flügge worden.
Southampton.
Versteh' ich dieser Worte Sinn zu deuten,
So liegt 'ne Art Entschuldigung darin,
Daß ich an diesem Ort Euch treffe und

In der Gesellschaft, die Euch aller=
dings
Unebenbürtig ist.

  Shakespeare.
  Mein werther Lord,
Nicht alle Grafen lassen sich herab,
Den Mann der Bühne freundlich zu
  begrüßen.
Was bleibt uns übrig, wenn die feine
  Welt
Uns stets noch wie die Paria's be=
  handelt,
Als die Gesellschaft unserer Genossen
Und das Gespräch mit jenem saubern
  Volke,
Dem die Gesellschaft Gründe hat zu
  zürnen?

  Southampton.
Ihr malt zu schwarz. O es giebt edle
  Seelen
Genug, die meiner Ueberzeugung leben,
Daß nur der Mann dem Amt die
  Würde giebt.

  Shakespeare.
Ja, wenn sie nur zu finden wären,
  Mylord.
Doch wie der Stern den lichten Glanz
  behält,
Wenn er sein Bild in einer Pfütze
  schaut,
So büß' ich nichts von meiner Würde
  ein,
In welchem Kreis ich mich bewegen
  mag.
„Ich kenn' sie Alle und belausche nur
Das wilde Treiben ihres Müßiggangs:
Doch darin thu' ich es der Sonne
  nach,
Die niederm, schäblichem Gewölk er=
  laubt,
Zu dämpfen ihre Schönheit vor der
  Welt,
Damit, wenn's ihr beliebt, sie selbst zu
  sein,

Weil sie vermißt ward, man sie mehr
  bewundre."
Recht mitten in des Lebens reichster
  Fülle,
Nicht in der stillen Einsamkeit der
  Nacht,
Bei qualm'ger Lampe, über Folianten
Gebeugt, seh' ich der Dichtung Blume
  blühn;
Und was ich auch gesehn, erlebt, er=
  litten ---
In meine Dichtung hab' ich's still ver=
  woben,
Und, mein Gemüth von jedem Druck
  befreiend,
Nur immer höher meinen Flug ge=
  nommen.
So reift' ich durch die Dichtung selbst
  heran,
Und was Gemeines und Alltägliches
Darin sich zeigen mag, sind nur die
  Schlacken
Des eignen Wesens, die sich abge=
  sondert
Vom reinen, glänzenden Metall der
  Seele.
Nicht um der Thoren Beifall buhlt
  mein Werk,
Die, eingehüllt in ihres Standes
  Dünkel,
Mit Achselzucken meinen Gruß erwie=
  dern:
Die innre Stimme, die mich nie ge=
  täuscht,
Raunt mir mit leisem Flüsterlaut in's
  Ohr,
Daß meines Dichtergeistes Saat, die ich
Mit Fleiß in des Jahrhunderts Schol=
  len streue,
Aufsprossen wird und Früchte treibt,
  wenn längst
Das letzte Stäubchen meines Leibs ver=
  flogen.

  Southampton.
Nicht Jedem ward die Himmelsgunst
  zu Theil,

Aus seines eignen Wesens reicher
 Fülle
Befriedigung zu schöpfen, still in sich
Versenkt, das wilde Treiben zu ver-
 gessen,
Das tausend Kräfte in Bewegung setzt,
Und eine zweite, eine schönre Welt
In seinem eignen Busen zu erbauen.
Mich lockt der Ehrgeiz, im Verein mit
 Männern
Wie Cecil, Walsingham, Hatton und
 Drake —
Und wie die Sterne alle heißen mögen,
Die um die königliche Sonne krei-
 sen —
Das Wohl des Staates wesentlich zu
 fördern.
Ist nicht der Ehrgeiz lobenswerth?
 Shakespeare.
 Ich müßte
Kein Patriot sein, wollt' ich dies ver-
 neinen.
Allein der Boden an dem Hofe der
Monarchin ist sehr glatt; gar Mancher
 fiel
Und hat sich nie von seinem Fall er-
 holt.
Weh dem, der an die Gunst der Kö-
 nigin
Die Förderung seiner edlen Ziele knüpft!
Er wird gar leicht ein Sklave ihrer
 Launen.
Und wagt er's einmal, auf sich selbst
 zu stehn —
Gleich heftet sich der Neid an seine
 Fersen.
Mit leisem Tritt und Horcherohr um-
 schleicht
Er sein Gemach, und jubelnd bringt er
 vor
Das Ohr der Kön'gin die erlauschten
 Worte,
Die er, an Deutung reich, zu ordnen
 weiß,
Wie sie am besten zu der Absicht
 passen,

Die er im finstern Herzen still ge-
 nährt.
 Southampton.
Ihr schautet in des Menschenherzens
 Tiefe
Mit klarem, unbestochnem Aug' hinab.
Und wenn der blinde Zorn der Leiden-
 schaft
Die schlimmen Folgen seiner Handlungs-
 weise
Der Ungunst der Gestirne aufzubürden,
Dem bösen Zufall Schuld zu geben
 pflegt,
So lehret Ihr, den angebornen Trieben
Und Neigungen das Horoskop zu stellen.
Solch einem Manne darf man wohl
 vertraun.
Und daß ich's frei und offen Euch ver-
 künde:
In Eurer Nähe wird das Herz mir
 warm;
Der sanfte Blick aus Euren großen
 Augen
Schließt, wie ein Schlüssel, meine Seele
 auf.
O könntet Ihr die Qual des Zweifels
 heilen,
Der lange schon mein Inneres durch-
 wühlt!
 Shakespeare.
Mylord — von welcher Art der Schmerz
 auch sei,
Der Eures Frohsinns Blüthen grausam
 knickt —
Vertrauet mir! Kann auch mein Rath
 Euch nicht
Von Nutzen sein — dem Traurigen
 ist's Wonne,
Des Kummers sich in Worten zu ent-
 laden.
 Southampton.
Drei Jahre sind's, als ich ein Wesen
 fand,
Mit jedem äußeren und innern Reiz,
Von der Natur so reichlich ausgestattet,

Als hätte sie in dieser einzig Einen
All ihre Schöpfungskraft erschöpfen
  wollen.
Und dieses Wesen mein! Mein diese
  Blume
Von Edens Flur mit ihrem Glanz und
  Duft!
O säht Ihr sie in ihrer Schönheit
  Fülle,
In ihrer Unschuld Zauberkreis ge=
  bannt, —
Ihr würdet jubelnd in die Leyer grei=
  fen,
Daß Ihr der Schöpfung Meisterwerk ge=
  schaut,
Und in den Kranz von weiblichen Ge=
  stalten,
Den Eure Muse für die Nachwelt
  flicht,
Entzückt die lieblichste von allen Flechten!
Shakespeare.
Zwar malt Ihr mit den Farben Eurer
  Liebe,
Doch werd' ich froh die Gunst der
  Stunde preisen,
Die mir vergönnt, das Wesen zu er=
  blicken.
Southampton.
Ich könnte glücklich sein, so glücklich,
  wie
Ein armer Sterblicher begehren kann,
Ließ ich an meiner Liebe mir genügen;
Doch Ehrgeiz reißt mich aus der Liebe
  Träumen
Und nagt an meines Herzens stillem
  Glück.
Der erste Schritt, mich zu vermählen, stürzte
Auf ewig von der Höhe mich herab,
Zu der man, neben eigenem Bemühn,
Nur durch die Gunst der Königin ge=
  langt,
Denn die Monarchin haßt das Band
  der Ehe,
Und wer sich ihrer Gunst erfreuen will,
Den dürfen Hymen's Bande niemals
  binden.
O gebt mir Euren Rath! Was soll
  ich thun?
Soll ich dem süßen Tändeln meiner
  Liebe
All meinen Ehrgeiz opfern? — Sehn,
  wie Andre
Die Welt umsegeln, Gegenden ent=
  decken,
Die nie noch eines Menschen Fuß be=
  trat,
Wie sie des Krieges Lorbeern sich er=
  ringen,
Indeß ich, auf dem seidnen Pfühl ge=
  bettet,
Nur mit des Hauptes Ringellocken
  spiele,
Des süße Bürde mir am Busen ruht?
Shakespeare.
Zwei Triebe edler Art befehden sich
In Eurer Brust — wohlan, (Er erhebt
  sich; Southampton desgleichen.
  Beide schreiten dem Vordergrunde zu.)
  so tretet fest
Dazwischen! Schlichtet wie ein Mann
  den Streit!
Folgt Eurer Liebe lichtem Stern! Ver=
  mählt
Euch mit der Lady! Trotzt der Kö=
  nigin!
Denn besser, daß Ihr männlich Eurem
  Willen,
Als eines Weibes Launen blind ge=
  horcht.
So groß ich von der Königin auch
  denke
Als Königin — als Weib bleibt sie
  ein Weib,
Und nie noch that es gut, wenn sich
  der Mann
Dem Willen eines Weibes schmiegt,
  wenn auch
Der Wille eine Königskrone trägt.
Southampton (bedenklich).
Vermähl' ich mich, so thu' ich einen Schritt,

Der über meiner Zukunft Glück ent=
scheidet.
Shakespeare.
O thut ihn bald! Bewähret Euch als
Mann!
Es ist die Vorbedingung Eures Ruhmes.
Denkt an Leicester! — War er jemals
froh? —
Hat nicht der Glanz der königlichen
Gunst
Sein Aug' geblendet, statt ihm mild
zu leuchten? —
Hätt' er das fieberheiße Haupt doch
lieber
Im Schatten früherer Niedrigkeit ver=
borgen,
Als es so hoch zu heben über Andre!
Southampton.
O theurer Mann, ich fühl's: Du räthst
mir gut.
Sei mir ein Freund, ein liebender Ge=
fährte!
Shakespeare.
Von Herzen gern!
(Händedruck und Umarmung.)
Southampton.
Ja Freund, Dir will ich folgen!
Bei Gott, ich will sie zum Altar füh=
ren,
Ihr Haupt mit einem Myrthenkranze
zieren;
Trotz bieten allen feindlichen Gewal=
ten —
Wie auch die Zukunft ernst sich mag
gestalten!
Shakespeare.
Das ist gesprochen wie ein Mann. O
Freund,
Ich rieth zu Deinem Heil Dir nicht
vergebens!
Der Tag zählt zu den schönsten mei=
nes Lebens!

Dritter Aufzug.

Erste Scene.

Southamptonhouse. Im Park. Links im
Vordergrunde eine Bank.

Lady Southampton (tritt auf, in ei=
nem Hefte lesend.)
„Nichts kann den Bund zweier treuer
Herzen hindern,
Die wahrhaft gleich gestimmt. Lieb' ist
nicht Liebe,
Die Trennung oder Wechsel könnte
mindern,
Die nicht unwandelbar im Wandel
bliebe."
(Vom Hefte aufsehend und leise mit einem Seuf=
zer wiederholend:)
„Die nicht unwandelbar im Wandel
bliebe!" — —
(Kleine Pause.)
Leg' ich den Sinn der schönen Dichter=
worte
Als Maßstab an die Liebe meines
Gatten,
So muß ich mir beklomm'nen Herzens
sagen:
Shakespeare, Du irrst in Deinem hol=
den Wahn;
Die Lieb' ist wechselnd, wie des Mon=
des Scheibe,
Die selten nur ihr glanzerfülltes Rund
Am wolkenlosen Firmamente zeigt. —
Wie, oder hat der Dichter dennoch
Recht —
Dann — weh' mir, daß ich Heinrichs
Gattin ward! — —
Du hast es gut gemeint, mein wackrer
Freund,
(Auf das Heft deutend, welches sie auf die Bank
legt)
Du trugst auf Deiner Lieder süßen
Wogen
Die zwischen Lieb' und Ehrgeiz schwan=
kenden
Entschlüsse seiner schwärmerischen Seele

In meines Herzens heimathliche Bucht —
Wo aber nun den sichern Anker finden?
— (Sie setzt sich.)
Was hilft's, daß ich ihn heiß und hei=
ßer liebe —
Wie ein Odysseus sitzt er am Gestade
Und sendet die Gedanken über's Meer,
Der Liebe süß Geplauder überhörend! —
(Sie nimmt das Heft wieder.)
Seid ihr mein Trost, ihr wunderbaren
Lieder!
Ihr singet ja von ihm — ich hab'
ihn wieder! —

Zweite Scene.

Lady Southampton, Graf
Southampton.

Southampton (ist während der beiden
letzten Verse, von der Lady unbemerkt, aufge=
treten, nähert sich ihr leise und umschlingt sie)
Du hast ihn wieder!
Lady Southampton (freudig aufsprin=
gend, ihm um den Hals fallend und ihn küssend).
Heinrich!
Southampton.
    Liebes Weib!
Lady Southampton.
Bin ich das wirklich?
Southampton.
    Wie Du fragen kannst!
Lady Southampton.
Gewiß, Du liebst mich nicht.
Southampton.
    Wie meine Seele!
Lady Southampton.
Es war einmal ein Heinrich, der mir
schwur,
Ich sei das Liebste ihm auf dieser
Erde.
Das war in jener schönen, goldnen
Zeit
Des Brautstand's, in dem Frühling
unsrer Liebe.

Southampton.
Wer zeiht mich eines Meineids?
Lady Southampton.
    Dein Benehmen.
Du wolltest heiter sein; in unsrer Ehe
Die wilde Fackel Deiner Ehrsucht löschen.
Southampton.
Bin ich nicht heiter? Sieh, ich lache ja.
Lady Southampton.
So lacht die Sonne hinter trüben
Wolken.
O, sag' mir, was Dich drückt!
Southampton.
    Mein theures Leben!
Lady Southampton.
Nein, keine Seufzer, Heinrich! Keine
Seufzer!
Ich will nicht ruhen, bis Du heiter
siehst.
Ist denn aus meiner Hand die Kraft
entwichen,
Die Falten Deiner Stirne wegzu=
streichen?
Dein Arm ist lässig in dem Dienst der
Liebe,
Dein starker Arm, der mich so fest um=
schlang, —
Auch diese schöne Zeit — sie ist ge=
wesen!
Southampton.
Elisabeth, mein theures, liebes Weib!
Lady Southampton.
Was hast Du? Sprich!
Southampton.
    O laß mich schweigen!
Lady Southampton.
        Nein,
Du sollst mir Rede stehn! Ich will
Dir helfen,
Will Deinem Kummer Aug' in Auge
sehn.
Hat nicht mein Blick oft Wunder schon
gethan?
Meine Liebe ist von königlicher Art —

Ein Blick von ihr und Deines Busens
  Gast,
Der finstre Kummer, wird beschämt ent=
  fliehn.
Wie, oder bin ich „Brutus Buhle nur,
Nicht Brutus Weib?"

Southampton.
              Mein liebes, gutes Weib!
O welche Nachricht traf mein lauschend
  Ohr!
Der kühne Held zur See, Sir Francis Drake,
Des launischen Neptun erkor'ner Lieb=
  ling,
Ist aus Westindien zurückgekehrt.
Im nahen Deptfort liegt sein Schiff
  vor Anker.
Von seiner Beute, die er heimgebracht
Und seiner Königin zu Füßen legt,
Spricht das Gerücht mit fabelhaften
  Worten.
Die Königin ließ sich nach Deptfort
  fahren,
Bestieg des Helden Schiff und speist'
  an Bord,
Schlug ihn zum Ritter dann und
  billigte
Die Schritte, die der kühne Held ge=
  than.
In dichtgedrängten Schaaren wälzt das
  Volk
Sich jubelnd zu dem Strand der Themse
  hin,
Das indische Geschwader zu begrüßen;
Des Helden Name lebt in Aller
  Munde —
Und ich?! — O laß mich nicht daran
  gedenken!
Mich hält die Laune der Gebieterin
Vom Schauplatz meiner Ehre fern, ruft
  mich
Zurück aus Irland nach der Heimath
  Flur,
Wo ich in flacher Unbedeutenheit,
Ein Steppenfluß im Sand verrinnen
  soll!

Lady Southampton.
Du armer und gefesselter Prometheus,
Es wird die Zeit schon kommen, glaube
  mir,
Wo Deines Herzens Wunde gänzlich
  heilt!

Zweite Scene.

Die Vorigen.   Shakespeare
erscheint im Hintergrunde, zieht sich aber beim
       Anblick der Beiden zurück.

Southampton.
Sieh unsern Freund!

Lady Southampton.
            Er fürchtet uns zu stören.

Southampton (Shakespeare nacheilend).
William! William! (Hat ihn erreicht und
              führt ihn zur Lady.)
Man sieht, Du bist kein Krieger
Sonst wüßtest Du, welch Loos den
      Flüchtling trifft.
Fort, vor das Tribunal!

Shakespeare.
            Vor solchem Richter
Erwart' ich mehr von Gnade als vom
  Recht. —
Ich komme, seltne Botschaft Euch zu
  bringen:
Essex ist hier.

Southampton und Lady Sout=
  hampton.
Essex?

Southampton.
          Essex — in London?

Lady Southampton.
Trotzdem, daß ihm die Königin be=
  fohlen,
Irland mit keinem Fuße zu verlassen?

Shakespeare.
Ich sah ihn selbst sich aus dem Sattel
  schwingen,
Die Zügel seines schaumbedeckten Thieres
Mit wenig hastig hingeworfnen Worten
Dem harr'nden Diener in die Hände
  werfen,

Wobei er unwirsch mit dem Fuße
   stampfte,
Und eilends in dem Bogengang ver=
   schwand,
Der zu der Wohnung der Monarchin
   führt.
        S o u t h a m p t o n.
So recht! Das ist die beste Art und
   Weise,
Die Ränke seiner Gegner zu entkräften.
Wenn seiner Stimme lang entbehrter
   Klang
Das Ohr der Königin berührt, wenn
   sie
Sein Auge sieht, wenn seine Gegen=
   wart
Den Zauber übt, den ihr Verstand ver=
   dammt,
Und dem sich doch ihr Herz ergeben
   muß, —
Er triumphirt, und seine Feinde beben.

        S h a k e s p e a r e.
Es ist verzeihlich, wenn ein Mann,
   wie Ihr,
Der aus des Irrthums giftgefülltem
   Becher
Nur wenig Tropfen erst gekostet hat
Und in der Liebe süßen Fesseln ruht,
Die Neigung und persönliche Bezie=
   hung
Für fähig hält, der Klugheit Recht zu
   opfern:
Allein Elisabeth — wenn sie auch Weib
   ist —
Sie hört nicht auf, die Königin zu
   sein.
Weh ihm, wenn sie als Königin be=
   denkt,
Was sie als Weib gethan! — Und
   wenn sie selbst
Die Rücksicht, die der Staat von ihr
   verlangt,
Ihm gegenüber auch vergessen sollte —

Es wird gewiß nicht an den Mahnern
   fehlen,
Die eifrig sie daran erinnern werden.
        S o u t h a m p t o n.
Es wird ihm gehn, wie es Leicester
   ging,
Als er zurückkam aus den Niederlan=
   den.
Wie zürnte die Monarchin ihrem Lieb=
   ling,
So lang er fern vom Hofe war —
   er kam,
Sank ihr zu Füßen, und die alte Gunst
Besiegte seiner Feinde schlaue Ränke.
        S h a k e s p e a r e.
Und wenn auch diesmal Alles anders
   geht,
Wie meine bange Ahnung heimlich
   flüstert —
O um der Liebe Deiner holden Gattin,
Um Deiner eignen schönen Zukunft
   willen —
Laß ab von Deiner Freundschaft mit
   dem Essex!
Sein Ungestüm wird auf die Dauer
   nicht
Den Ränken seiner Gegner widerstehn.
Gieb Acht — sie treiben ihn zum Aeu=
   ßersten,
Und lachen heimlich über seine Tollheit,
Mit der er kopflos in's Verderben
   rennt! —
Wenn ich Euch Beide seh' — zwei
   holde Blumen,
Mit jeder Gunst des Schicksals reich
   bedacht,
Und Eure Liebe schöner stets und
   schöner
Erblühend in des Ehstands Rosengar=
   ten —
O laßt mich nicht vollenden! — Hein=
   rich, Heinrich,
Geliebter meiner Seele, theurer Freund —
Ich bitte, ich beschwöre Dich . . .
        S o u t h a m p t o n.
      Was hör' ich? —

War das nicht Essex' Stimme? — O,
  er ist's!
Er ist's! — (Er eilt rechts ab.)

Dritte Scene.
Lady Southampton. Shake=
  speare.

Lady Southampton.
Ihr spracht die bange Ahnung meiner
  Seele
Mit warmen Freundesworten aus. —
  Habt Dank!
Er bringt ihn her. Laßt uns dorthin
  uns wenden,
Wo uns das Dickicht ihrem Blick ent=
  zieht. —
Ich bin dem Essex recht von Herzen
  gram.
Zwar hab' ich oft mich deshalb schon
  getadelt,
Doch kann ich des Gefühls nicht Mei=
  ster werden.
Begleitet mich und lös't mir dieses
  Räthsel:
Euch sind ja alle Hieroglyphen lesbar,
Die in des Menschen Brust geschrieben
  stehn.

Shakespeare.
Zu viel des Lob's! Ihr traget mit
  die Schuld,
Wenn meine Dichtereitelkeit sich mehrt.
(Beide links ab.)

Vierte Scene.
Essex und Southampton treten auf,
  von rechts kommend.

Southampton.
O laß noch einmal Dich umarmen,
  Freund!
Das ist ja freud'ge Botschaft, die Du
  bringst!
Wie muß ich über Shakespeare's Zwei=
  fel lachen!

Essex.
Mir ist, als ob sich eine große Last
Von meiner Brust gewälzt — ich athme
  freier;
Mit Hohn sah ich herab auf meine
  Feinde,
Und jubelnd ruf' ich aus: Sie ist ver=
  söhnt!
Gesegnet der Moment, da ich den Plan
Gefaßt, den Boden Irlands zu ver=
  lassen,
Trotz bietend dem Befehl der Königin!
Ich kam, ich sah, ich — siegte! —
  Und wo sah
Ich sie? — (Lachend.) O Freund, da=
  von ein andermal!
Genug, ich sah sie in des Morgens
  Frühe,
In ihres Anzugs reizender Verwirrung!

Southampton.
Wie, in ihr Schlafgemach bist Du ge=
  drungen?

Essex.
Direkt zur jungfräulichen Königin!
Wenn auch so tollkühn nicht wie wei=
  land Dudley
Und Graf Arran und Pickaring und
  Andre.
Für mich war der Moment gewiß sehr
  ernst —
Was er für Andere gewesen wäre,
Darüber muß ich Shakespeare's Laune
  hören.
Sie neigte huldreich sich zu mir her=
  nieder,
Der ihr zu Füßen lag und hob mich
  auf,
Bot mir die Hand zum Kuß und hieß
  mich kommen
Zur Mittagszeit, um Rede ihr zu stehen
Vor dem versammelten Geheimen Rathe.

Southampton.
Weh Dir, wenn sie nach Launen han=
  delt!

Essex.
Ha!
Ich bin gewillt, zum Aeußersten zu schreiten.
So oder so — das Regiment muß fallen,
Das ihren Willen allzusehr beherrscht!
Cecil und Bacon, Nottingham und Raleigh
Sie halten unsre Königin gefangen.
Wir müssen sie befreien! — Fort mit Jenen!
Geht es mit List nicht — gut, so hilft Gewalt!
Halt Deine Leute in Bereitschaft, Freund,
Und denke, was Du heilig mir gelobt,
Als Dich die Königin nach Irland rief.
Rutland, Mounteagle, Sands, Bedford und Cromwell
Und unsre andren Freunde wissen schon
Um meine Ankunft — Alle sind bereit,
Das Schwert zu ziehn für unsre gute Sache:
Die Kabinetsregierung zu vernichten
Und das gesunkne Ansehn der Monarchin
Auf die Gewalt des Heeres neu zu gründen.

Southampton.
Was ich Dir schwur — ich hab' es mir geschworen,
Denn tief in meiner Seele wühlt der Haß,
Wie glühnde Lava im Vulkan und harrt
Des großen Augenblicks, hervorzubrechen.

Essex.
Die Sonne steht schon im Zenith. — Leb wohl!
Ich geh' zur Königin und ihren Räthen.
Ich hoffe, daß sich Alles friedlich schlichtet —
Wo nicht, so giebt's ein Mittel sie zu zwingen:
Dann wird das blut'ge Schwert Entscheidung bringen!

(Essex rechts, Southampton links ab.)

Verwandlung.

Großes Zimmer im Palaste der Königin. Den Hintergrund bilden zwei offene, auf eine Gallerie führende Bogen durch welche man auf die Stadt sieht. Thüre links. Durch diese letztere tritt die Königin auf.

Siebente Scene.

Königin.
Die Stunde der Entscheidung naht heran,
Und immer kämpft in meinem Busen noch
Die alte Neigung und der junge Zorn.
Ich schäme mich der Schwachheit meines Herzens,
Und doch ist diese Scham nicht stark genug,
Den letzten bündigen Entschluß zu fassen.
Und trag' ich selber nicht die Schuld, wenn er
Die Schranken des Gehorsams übersprang?
Die Neigung, die ich unklug ihm verrieth,
Sie war die Amme seines stolzen Wesens,
Und meine Nachsicht gegen seine Launen
Zog seine wilden Leidenschaften groß.
Hinweg, hinweg mit allen Regungen
Des Mitleids und der liebevollen Neigung!
Hast du den Schwur vergessen, thöricht Herz,
Den du gethan, als nach den Jahren der
Erniedrigung und Trübsal endlich, endlich
Der goldne Reif um diese Stirn sich schlang,

Stets und vor Allem Königin zu
  sein?
O könntest du, mein Volk, den Kampf
  verstehn,
Den deine Königin so oft gekämpft,
Wenn ihre stille Neigung und dein
  Wohl
Gleichmäßig ihren Anspruch geltend
  machten!
Doch — hab' ich Alles an das Ziel
  gesetzt,
Des Volkes wahre Königin zu heißen,
Riß ich mit Grausamkeit des Herzens
  Wünsche,
Die dem gemeinen Wohl entgegen
  waren,
Mit ihren tiefsten Wurzeln aus dem
  Busen —
That ich das Alles mehr als tausend
  Mal,
Um mich in diesem einen Falle dem
Gespött der Mit= und Nachwelt preis=
  zugeben?
Ha — nie und nimmermehr! — Die
  Hand, die einst
Das Todesurtheil einer Schwester schrieb
Und das von eines blutsverwandten . . .
  Großen —
Sie darf des Herzens Regung nicht ge=
  horchen,
Die für sein Leben Schmeichelworte
  flüstert.
    (Klingelt.)
  Der Thürsteher erscheint.
    Königin.
Hat sich der große Staatsrath schon
  versammelt?
    Thürsteher.
Die Lords erharren Eure Gegenwart.
    Königin.
Ich will sie hier empfangen.

Achte Scene.

Die Vorigen. Es treten auf durch die
Gallerie: Cecil, Bacon, Notting=
ham, Raleigh und andere Herren vom
Hofe.
    Königin.
Mylords, Ihr findet mich entschlossen,
  fest
Entschlossen Euren Gründen nachzu=
  geben
Und Euren Feind, Graf Essex, zu be=
  strafen.
    Cecil.
Schmerzlich empfinden wir es, Majestät,
Daß Du noch immer in dem Glauben
  leb'st,
Wir haßten den, der Deinem Herzen
  theuer.
    Königin.
Wer sagt Euch, daß er meinem Herzen
  theuer?
Wer trug Euch auf, nach meinen Nei=
  gungen
Zu spähn? Ich wählte Euch, um Eu=
  ren Rath
In Dingen des gemeinen Wohls zu
  hören.
    Bacon.
Wir wissen diesen Vorzug wohl zu
  schätzen.
    Königin.
Auch Ihr, Mylord, steht in der Reihe
  derer,
Die mit Gewalt auf seine Strafe drin=
  gen?
Erinnert Euch, Sir Walter Raleigh,
  wer
Es war, der Euch in diesen Kreis ge=
  führt.
    Raleigh.
Nicht soll der Dank, den ich ihm schul=
  dig bin,
Mich hindern, den Verräther zu be=
  fehden.

Königin.
Verräther, sagt Ihr?
Raleigh.
Wie, Ihr wißt noch nicht,
Was alles Volk sich in die Ohren
  raunt?
Daß er nur deshalb Frieden schloß mit
  Irland,
Um sich die Krone Irlands zu ver-
  schaffen?
Königin.
Die Krone, sagt Ihr?
Raleigh.
Irlands Krone. Ja,
Noch mehr: mit Hülfe Spaniens will
  er Euch
Von dem erhabnen Sitz herunterstürzen,
Die Krone Euch entreißen und ...
Königin.
Genug!
Genug! Müßt Ihr ihn schändlich noch
  verläumden,
Da Ihr bereit mich seht, ihn zu be-
  strafen?
Cecil.
Erwägt doch, Majestät: er ging nach
  Irland
Mit dem Entschluß, Tyrone zu ver-
  nichten.
Hielt er sein Wort? — Mit nichten!
— Er vermied
Den Kampf — er unterhandelte mit
  dem
Verräther ohne Zeugen. — Ohne Zeu-
  gen,
Was den Gebräuchen Englands wider-
  spricht,
Schließt einen Waffenstillstand mit ihm
  ab
Und muthet der Monarchin zu, der er
Gelobte, den Rebellen zu vernichten,
Ganz unverschämte Forderungen desselben
Durch ihre Unterschrift zu billigen!
Wo sind die Heldenthaten, die er mit
Lebend'gen Farben uns zu schildern
  wußte,
Eh' er den irischen Kommandostab
In seinen Händen hatte?
(Ein Page tritt auf und meldet Graf Essex.)
Königin.
Er trete ein. — (Page ab.)
Er mag sich selbst vertheidigen.
Essex (tritt auf durch die Gallerie, geht di-
  rekt zur Königin und wirft sich derselben zu
  Füßen).
In Demuth beugt mein Knie sich der
  Monarchin.
Königin.
Steht auf, Mylord! Die Räthe mei-
  ner Krone
Und Eure Königin sind hier versam-
  melt,
Aus Eurem eignen Munde zu verneh-
  men,
Was Euch bewog, den Heerd der Re-
  bellion
In Irland eigenmächtig zu verlassen.
Essex.
Das wagen jene dort mich noch zu
  fragen?
Fürwahr, die Dreistigkeit geht allzuweit!
Ich frage Euch, wer ließ mich ohne
  Truppen,
Als ich der überlegnen Zahl des Fein-
  des
Mit einer Mannschaft gegenüberstand,
Der es an Allem fehlte? Die der Pest,
Des Hungers und der strengen Kälte
  Beute
Geworden wär', hätt' ich aus Mensch-
  lichkeit
Nicht schleunigst Waffenstillstand abge-
  schlossen.
O übel angebrachte Sparsamkeit,
Wenn es des Landes heil'ge Sache
  gilt!
Cecil.
Warum ließt Ihr die Jahreszeit ver-
  streichen,
Die für den Krieg die günst'ge war?

Nottingham.
War Euer Heer noch immer stark genug,
Den Kampf mit dem Rebellen zu ver-
  suchen.
      Raleigh.
Tyrone's Macht betrug kaum fünfzehn
  Hundert
Und Ihr besaßt drei Tausend Mann.
      Essex.
              Die habt
Ihr hier in London aufabbirt. Was
  die
Unzähligen Scharmützel weggenommen,
Und was durch Krankheit und durch
  Hunger umkam —
O Schande, daß ich's sagen muß: durch
  Hunger
Stirbt Englands Krieger! Dieses rei-
  chen Englands,
Dem Indien seine goldnen Schätze
  sendet,
In das der Reichthum aus den Nie-
  derlanden,
Von Spaniens Habsucht räuberisch be-
  droht,
Ein goldner Fluß mit seinen Wellen
  mündet!
Thut mir genug, erhabene Monarchin,
Und billigt meine Schritte, die ich
  that —
Sonst — beim Allmächtigen! — ich
  trete vor
Das Parlament mit einer Klage wider
Die Männer, die in Eurem Rathe
  sitzen!
      Königin.
Verwegener, Du wagst es, eine Macht
Zu Deinem Beistand Dir zu wählen,
Die nur in mir mit ihrem Dasein
  wurzelt?
Zu wahr ist's, was ich leise munkeln
  hörte,
Du sinnst auf meinen Sturz. Dein
  eitler Sinn,

Dem ich die Zügel schießen ließ, hat
  Dich
Verblendet. Aufruhr willst Du in der
  Hauptstadt,
Das „alte, an dem Leib und an der
  Seele
Gleich schiefe Weib" soll diesen Thron
  verlassen
Und ihn dem tollen Abenteurer räumen,
Den diese Hand erhob und — stürzen
  kann?
Nicht kann, nein wird — so wahr
  ich Königin
Von England und die Tochter Hein-
  richs bin!
      Essex.
O Majestät!
      Königin.
Schweig, sag' ich! — Wohl vernahm
  ich,
Daß Deine Boten vor Dir herge-
  kommen.
Eh noch Dein Schiff an Englands Kü-
  sten lag,
Vernahm des Volkes leicht bethörtes
  Ohr
Schon von den Kanzeln Deine Helden-
  thaten,
Und gaffend stand die Menge an den
  Mauern,
Die Hälse nach den großen Zetteln
  reckend,
Auf denen Deiner Feinde Namen
  standen
Nebst Worten, die mit Anarchie und
  Sturz
Der königlichen Macht fast gleichbe-
  deutend.
      Essex.
Wenn meiner Freunde Eifer weiter
  ging,
Als ich gewünscht, trifft mich die
  Schuld?
      Königin.
Unmöglich thaten sie so kühne Schritte,

Wenn Dein Benehmen sie getadelt
  hätte. — (Pause.)
In meinem Rath könnt Ihr nicht län=
  ger sein,
Mylord von Essex. Eurer beiden
  Aemter
Seid Ihr von dieser Stunde an ent=
  hoben.
Euren Kommandostab empfängt Sir
  Robert,
Der Euch in freier Haft behalten soll,
Bis wir das Weitre über Euch be=
  schließen.

Essex.

O Königin, wie werd' ich überleben,
Wozu Du allzu grausam mich ver=
  dammst!
Wohnt denn in Deiner Brust kein Mit=
  leid mehr?
So hoch erhoben — und so tief ge=
  stürzt!
O es ist fürchterlich!
Wär' ich doch lieber auf der ersten
  Stufe
Zu dieser trügerischen Höh' gestrauchelt,
Die zu ersteigen Du die Hand mir
  botest!

Cecil (auf Essex zuschreitend).

Ihr habt das Urtheil Eurer Königin
Vernommen . . .

Essex (aufspringend).

Wohl, ich hab's, doch glaubet nicht,
Daß ich geduldig mich dem Urtheil
  füge!

Königin (höchst erregt auf Essex zustürzend).

Verwegener!

Essex.

Nicht meine Königin
War es, die schuldig mich gesprochen
  hat —
Ihr wart es! Eure Ränke siegten
  über
Die sanften Regungen Elisabeths,
Von denen sie Beweise mir gegeben! —

Ihr wollt's so sei es — Krieg auf
  Tod und Leben!

(Er eilt mit gezogenem Schwerte durch die Gallerie im Hintergrunde ab.)

Königin.

Ha, Rebellion! — Was steht Ihr da
  und sinnet? —

Cecil.

Wir harren Eurer Majestät Befehle.

Königin.

Laßt einen Herold durch die Straßen
  eilen!
Erkläret ihn als Hochverräther! Tau=
  send
Guineen auf sein Haupt! — Ein Hoch•
  gericht
Von fünfundzwanzig Peers soll über
  ihn
Den Spruch thun; lautet er auf Tod,
  so wird
Ein rascher Federzug von dieser Hand
Gerechten Urtheilsspruch vollstreckbar
  machen.

(Cecil eilt ab durch die Gallerie im Hintergrunde.)

Königin.

Heraus die Truppen!
Ich bau' auf Eure Tapferkeit, Sir Ra=
  leigh. —
Ihr zögert noch, Kleinmüthiger, Ver=
  zagter! —
Wohlan . . .

(Sie schickt sich zum Gehen an. Raleigh eilt
durch die Gallerie im Hintergrunde ab.)

Bacon.

O Königin, Dein theures Leben . . . !

Nottingham.

Wir bitten, wir beschwören Euch . . . !

Königin.

Hinweg!

(Trommeln hinter der Scene.)

Hört Ihr die Trommeln wirbeln?
Auf! — Hinaus!
Man sattle eiligst mir den braunen
  Schotten?

(Einige Herren entfernen sich.)

Ich will doch sehn, ob Englands Kö=
nigin,
Wenn sie inmitten ihres Volkes steht
Und um der Bürger Schutz und Bei=
stand fleht,
Wenn sie den Kampf für ihren Thron
will wagen,
Nicht Arme findet, den Rebell'n zu
schlagen!
(Alle ab durch die Gallerie im Hintergrunde.)

Vierter Aufzug.

Erste Scene.

Zimmer im Hause Lord Nottingham's
Mittelthüre. Thüre rechts.

Lord Nottingham. Gurney.

Nottingham.
Du willst nicht länger mein Sekre=
tair sein, Gurney?

Gurney.
Ich gehe unter die Schauspieler.

Nottingham.
Ich dachte höher von Dir, Gurney.

Gurney.
Und ich denke, es bleibt sich im
Grunde gleich, wo man Komödie spielt.

Nottingham.
In welchen Rollen wird man Dich
denn bewundern können? Als Liebha=
ber, Held oder Clown?

Gurney.
Ich werde mich mit den Intriguan=
ten bescheiden. Die Vorstudien, die ich
bei Eurer Herrlichkeit gemacht habe, sol=
len mir trefflich zu Statten kommen.

Nottingham.
Genug des Scherzes. Rund heraus
— wie viel Pfund brauchst Du dies=
mal?

Gurney.
Eure Herrlichkeit irren, wenn Sie
glauben, dieses Palliationmittel schlüge
wieder an: mir ist nur mit einer Ra=
dikalkur geholfen. Zehn Jahre warte
ich nun schon auf die einflußreiche Stelle
bei Hofe und immer bin ich noch nichts
mehr und nichts weniger als Euer Se=
kretair.

Nottingham.
Du kommst mir vor, Gurney, wie
ein Reisender, der nach langer Wan=
derung lieber im kalten Felde über=
nachten, als die wenigen Schritte thun
will, die ihn in behagliches Quartier
bringen würden. Bedenke doch, wie
günstig unsere Angelegenheiten stehen!
Heute wird es wieder jährig, daß un=
ser Hauptfeind Essex hingerichtet wurde;
Southampton schmachtet im Kerker und
hat jeden Tag sein Todesurtheil zu er=
warten; die Königin siecht zusehends
hin — laß sie nur erst die Augen ge=
schlossen und unseren geheimen Freund
Jakob von Schottland Besitz vom eng=
lischen Throne genommen haben —
dann, Gurney, werde ich meinen Ein=
fluß bei Hofe noch zu ganz anderen
Dingen verwenden können, als Dir eine
einflußreiche Stelle zu verschaffen.

Gurney.
Trotz alledem muß ich auf meinem
Vorsatze beharren.

Nottingham.
Du bist ein Narr!

Gurney.
Geworden durch Hoffen und Harren.

Nottingham.
Du bist nicht so ehrgeizig, wie Du
Dir den Anschein giebst und zu klug,
um einen Schritt zu thun, der so of=
fenbar gegen Deinen Vortheil ist. Du
hast andere Gründe, von mir zu gehen.
Schüttle nicht mit dem Kopfe, Gurney
— Du hast andere Gründe.

Gurney.
Ich habe keine andern Gründe.

Nottingham.
Sieh mich an, Gurney. Du hast,

sage ich. Dein Inneres will Etwas verbergen, aber Deine Züge sind Verräther. Sieh, wie Du die Farbe wechselst!

Gurney.
Wenn Ihr so dringend seid . . .

Nottingham (zutraulich).
Gurney, war ich Dir nicht immer ein guter Herr?

Gurney.
Das wohl.

Nottingham.
Ließ ich Dir's an Etwas fehlen?

Gurney.
Nein.

Nottingham.
Weißt Du nicht um meine tiefsten Geheimnisse.

Gurney (tiefaufseufzend).
Ja wohl!

Nottingham.
Du seufzest?

Gurney.
Laßt mich gehen. Dringt nicht weiter in mich.

Nottingham.
Gurney, sei aufrichtig! Du verbirgst mir Etwas. Warum spielst Du fortwährend mit dem Ringe und siehst mich so zweideutig an? Fürchtest Du etwa . . . ?

Gurney.
Fürchten? Ich? —

Nottingham.
Gurney, Du denkst an andere Dinge, als an Deine Beförderung!

Gurney.
Nun ja denn — rund heraus — ich habe keine Lust, nächstens mit Euch in den Tower zu wandern.

Nottingham.
In den Tower? Bist Du toll? Du glaubst doch nicht, daß jene That, zu der Du den Antrieb gegeben . . . ?

Gurney.
Ich den Antrieb gegeben? Welche That meint Eure Herrlichkeit?

Nottingham.
Die Unterschlagung des Ringes, den Essex . . .

Gurney.
Hahaha! Läuft es darauf hinaus? Wollt Ihr jetzt mich zum Sündenbock machen? Ich deutete nur die Möglichkeit an, daß man durch die Unterschlagung des Ringes, bei dessen Empfang die Königin den Uebersender ganz gewiß begnadigt haben würde, sich eines Feindes mit leichter Mühe entledigen könne. Daß Ihr und Eure Gattin eine solche That ausgeführt — (Achselzuckend) was geht das mich an? — Ich stehe schuldlos da — aber Ihr, Graf Nottingham, hättet bedenken sollen, daß es ein Weib gewesen, das Ihr zur Mitschuldigen gemacht habt.

Nottingham.
Wie soll ich das verstehen?

Gurney.
Wenn Ihr auch schweigen tönnt sie wird's verrathen.

Nottingham.
Was faselst Du da?

Gurney.
Erinnert Ihr Euch der Ohnmacht Eurer Gattin im vierten Akte des „Macbeth?"

Nottingham.
Was soll's damit?

Gurney.
Ich sage Euch, bietet all Euren Einfluß auf, daß die Lady nicht in eine ähnliche Situation kommt, als an jenem Abende! Ich stand hinter den Koulissen und habe sie scharf beobachtet; ich sah auch, wie die Königin kein Auge von Eurer Gemahlin abwendete, die sich schon vor der Kata-

strophe zu auffallend benahm, um keinen Verdacht bei der mißtrauischen Königin zu erwecken. Nehmt Euch vor diesem Shakespeare in Acht! Er ist Southampton's Freund und ich will meinen Kopf zum Pfande setzen — er verfolgt mit dem „Macbeth" besondere Pläne.

Nottingham.
Hahaha! Einen Komödianten sollten wir fürchten?!

Gurney.
Es kommen zu verdächtige Stellen in dem Stücke vor, Stellen, die man geradezu auf die Königin und ihre Vertraute beziehen kann. Ich habe Euch gewarnt. Dies sei mein letzter Dienst, den ich Euch erwiesen habe.
(Will gehen.)

Nottingham.
Schurke, Du bleibst! Ich lasse Dich nicht fort! — Geschieht das, was Du als Befürchtung aussprichst, so gebe ich Dich als den Urheber an.

Gurney (lächelnd).
Das werdet Ihr nicht thun, edler Lord.

Nottingham.
Ich werde es! Zermalmen werde ich Dich, Kreatur meiner Güte! Wir wollen doch sehen, wem man mehr Glauben schenkt, einer elenden Schreiberseele oder mir, dem Lord und Staatssekretair!

Gurney.
Wenn diese elende Schreiberseele nun aber mit den Kopieen derjenigen Briefe herausrückt, in denen ein gewisser Lord Nottingham sich etwas darauf zu Gute thut, daß Graf Essex durch seine Kabalen gestürzt und hingerichtet wurde und Southampton sein Gefängniß einzig und allein ihm zu verdanken habe?

Nottingham.
Ha!

Gurney.
Ich glaube nicht, daß die Königin einen Lord und Staatssekretair, der doch gewissermaßen auch nur eine Schreiberseele ist...

Nottingham.
Hinaus!

Gurney.
Rücksichtsvoller behandeln wird, als einen Grafen.

Nottingham.
Noch immer hier? Fort, sage ich!

Gurney.
Denkt an meine Warnung, Lord Nottingham! Ich habe Euch durchschaut. Befördern wolltet Ihr mich? Ja wohl — dahin, von wo keine Wiederkehr ist. Diesmal hat Eure Schlauheit sich verrechnet. Ihr gedachtet mich zu vernichten? — Hahaha! — Ich vernichte Euch!
(Ab durch die Mitte.)

Zweite Scene.

Nottingham.
Wenn er's verriethe! — Doch er wird
es nicht,
Er wird es nicht, er kann uns nicht
verrathen. —
Wenn nur mein Weib... da hat er
Recht, der Schurke! —
Schon hängt sich das Bewußtsein ihrer
That
Wie ein Gewicht an ihre arme Seele, —
Ob ihr der Morgen wohl den Schlaf
gebracht,
Den sie erseufzt' im Dunkel dieser
Nacht?
(Er geht leise auf die Thüre rechts zu.)
Nottingham. Lady Nottingham im weißen Nachtgewande tritt auf durch die Thüre links.)

Nottingham.
Du hier? Und in dem leichten Nachtgewand?

So hat denn meine Warnung keine
  Kraft?
Ich dachte Dich im sanften Morgen=
  schlummer.
Lady Nottingham.
Ich kann nicht schlafen. Zwischen Traum
  und Wachen
Streun die Gedanken Zwietracht aus.
O Mann,
Was haben wir gethan?!
Nottingham.
Denk' nicht daran!
Lady Nottingham.
O Gott! wie hab' ich sie hinwegge=
  scholten
Die Kinder des Gehirns, die Nachtge=
  danken,
Doch Hand in Hand, in dichtverschlung=
  nem Reigen
Umtanzen sie gespenstisch mir das Lager.
Ich hab' geweint, bis meiner Thränen
  Quell
Versiegte; meine Hände wund gerungen
Und in die Kissen mein Gesicht ver=
  graben.
Ich kann nicht schlafen — und ich will
  nicht schlafen,
Denn mehr noch fürcht' ich meine ban=
  gen Träume,
Als das Gedankenheer bei offnen Augen.
Nottingham.
Die Ausgeburten wilder Phantasie,
Durch Deine Krankheit ihres Zaums
  entledigt!
Was wär' Elisabeth, was wäre Eng=
  land,
Wenn des Gewissens ängstliche Besorgniß
Bei jeder That den Pred'ger spielen
  dürfte?
Esser war reif, o überreif zum Fall! —
Der hirnverbrannte Thor! Er selber zog
Den Blitz herab, der ihn erschlagen hat.
Das wär' ein schönes Regiment ge=
  worden
Mit diesem Eisenfresser an der Spitze!

Soll sich der stolze britische Baron
Der übermüth'gen Soldateska beugen,
Die mit den Feinden unsres wahren
  Glaubns
Zu unserm Sturze sich verbündet hat?
Nein, besser ist's, daß Einer untergeh',
Als daß die alten Zeiten wiederkehren!
Wir wollen keine Neuerungen mehr!
Das lang Erstrebte und mit Blut Er=
  worbne
Zu schützen gegen jede Macht der Erde —
Das ist die Pflicht der englischen Ba=
  rone.
Lady Nottingham.
Dein Wort ist Balsam. Ach — und
  doch...
Nottingham.
Und doch,
Und doch! — Zum Henker mit den
  ew'gen Skrupeln!
Lady Nottingham.
O, Du bist rauh! (Will gehen.)
Nottingham.
Mein theures Weib — ich bitte,
ja, ich beschwöre Dich, behalte Fassung!
Erwäge dies noch: Unsre Königin
Ist leidend — ihre Tage sind gezählt —
Stirbt sie, so schließt sich ja das Auge
  zu,
Vor dem das unsre schuldbewußt sich
  senkt.
Lady Nottingham.
Wie kam es doch, daß ich so plötzlich
  — ach
Das fürchterliche Stück — der Mac=
  beth! —
Mich schaudert, wenn ich an die Lady
  denke!
Nottingham.
Wahnsinn'ge Art, die auf sich selbst be=
  zieht,
Was eines Dichters Hirn gefaselt hat.

Lady Nottingham.
Recht, Mann, ich bin zur Thörin wor=
 den! — Sieh —
 (Sie schaudert zusammen.)
Und doch — ich kann dem Schauder
 nicht gebieten,
Der mich . . .
 Nottingham.
Ach, laß das! Bist Du nicht mein Weib?
Das starke Weib des Grafen Notting=
 ham?
Und solcher Popanz kann Dein Mark
 erschüttern?
Was gilt's, Du gehst noch heute an
 den Hof,
Und morgen siehst Du jenes Stück mit
 Lachen,
Was gestern Deine Nervenkraft erschüt=
 tert.
 Lady Nottingham.
Wie, morgen? —
 Nottingham.
 So befahl die Königin.
Und sie besteht mit Eigensinn darauf,
Daß Gräfin Nottingham in ihrer Nähe.
 Lady Nottingham
 (mühsam nach Fassung ringend).
Ich will — mir — Fassung — zu
 erringen — suchen.
 (Sie geht durch die Thüre rechts ab.)

Fünfte Scene.

Nottingham (allein).
Wie nur ein Dichterwort so wunderbar
Ergreifen kann! — Seltsam — auch
 mich ergriff
Ein Schauder, als ich Banco's Geist
 erblickte,
Dem unwillkürlich meine Phantasie
Des Essex jugendliche Züge lieh. —
Hinweg mit diesen thörichten Gedan=
 ken! —
Der Tag kann keine blöden Träumer
 brauchen.

Noch fehlt der Schlußstein unseres Ge=
 bäudes:
Noch lebt Southampton. — Weh uns,
 wehe, wenn
Die alternde Monarchin stirbt, eh' sie
Sein Todesurtheil unterzeichnet hat! —
Dies zu erlangen sei mein nächstes Ziel.
 (Ab durch die Mitte.)

Verwandlung.

Zimmer im Wirthshause zum Elephanten
 wie im zweiten Aufzuge.

Sechste Scene.

(Es treten auf:) Davers, Penn,
 Ralph, Persons u. Burbadge.

 Davers.
Da wären wir wieder im Trockenen.
Ist das ein Hundewetter!
 Penn.
Ich hoffe nicht, daß wir lang auf
dem Trockenen bleiben werden. He,
Junge!
 (Sie setzen sich. Aufwärter kommt.)
Sekt, Sekt! Spute Dich!
 (Aufwärter ab.)
 Ralph.
Es ist doch verflucht angenehmer,
unsere Leber erhält ein Sturzbad von
Sekt, als unsere Haut eins von Regen=
wasser.
 (Der Aufwärter kommt mit Krug und Becher
 zurück, setzt den Gästen vor und geht ab.)
 Penn.
Weiß der Henker, von allen vier Ele=
menten ist keines so gänzlich überflüssig,
als das Wasser. Unser Herrgott muß
in verflucht schlechter Laune gewesen
sein, als er dieses Element schuf.
 (Hat inzwischen eingeschenkt und hebt den Becher
 zum Anstoßen empor.)
 Davers.
Lästere mir nicht die Vorsehung mit

ihrer liebevollen Fürsorge für Poeten, Künstler und verkannte Genie's!

Burbadge.

So viel steht fest: William hat seine „Lustigen Weiber" nicht bei der Wassertanne geschrieben.

Ralph.

Wetter, wo bleibt der Kerl?

Penn.

Versprach er zu kommen?

Burbadge.

Er war im Zweifel.

Ralph.

Habt Ihr nicht bemerkt, daß er seit einiger Zeit verflucht einsilbig und melancholisch ist? Er hängt wieder in der Vogelperspektive der Anschauung.

Davers.

Es wird ihm wohl wieder eine Tragödie im Kopfe spuken.

Penn.

Das macht ihm verflucht wenig Kopfbrechens.

Burbadge.

Er gestand mir dieser Tage im Geheimen, daß die Gefangenschaft des Grafen Southampton all seinen Humor gefangen halte. Und denkt — ich sah Thränen in seinen Augen.

Ralph.

Gewissermaßen ist er der Welt viel Thränen schuldig. Wie, oder soll er, der die Ursache so vieler Thränen schon gewesen ist, leer ausgehn?

Davers.

Laßt uns etwas ersinnen, seinen Humor in Athem zu setzen, irgend eine Mummerei, einen tollen Streich oder dergleichen! Penn, erfindungsreicher Odysseus, sporne Deine schöpferische Phantasie an!

Penn.

Ist schon geschehen. Die Vorbereitungen und Einleitungen sind schon getroffen.

Alle.

Laß hören!

Penn.

Ihr Alle wißt, was für ein eingebildeter Pinsel dieser Oldcastle ist, mit welchem Achselzucken und Lippenaufwerfen er von uns Schauspielern spricht, deren lustige Gesellschaft doch sein Lebenselement ist.

Ralph.

Wäre er nicht bei alledem ein so harmloser Kerl und gleichsam der Wetzstein unseres Humors — seine Ruhmredigkeit und seine an Einbildungen großgezogene Nichtigkeit machte ihn zur Vogelscheuche für Leute von Ehre. Aber er hat das Privilegium der Unantastbarkeit in seinem Patente als Offizier der Königin und ist vollgepfropft mit Ehre. Er schwört auf Ehre, daß ein eingemachter Häring das beste Mittel gegen den Katzenjammer sei; auf Ehre, daß es hagele, oder der Mond scheine, oder der Sekt schlecht sei, der Hund heule, und Ihre Majestät die erhabenste Herrscherin der Welt sei — Alles auf Ehre.

Penn.

Nun, diese zweibeinige Personifikation der Ehre, dieser dickleibige und schwerfällige Sohn des Mars, diese verunglückte Wiederholung des graubärtigen Anakreon, dieses gravitätische Nichts soll uns Stoff zum Lachen auf acht Tage geben und mein Anschlag soll für Williams Trübsinn Medizin sein. Ich habe ihm im Namen eines Thürstehers der Königin einen Brief geschrieben, durch welchen er benachrichtigt wird, daß Ihre Majestät ihn persönlich kennen lernen wolle, nachdem sie durch William Shakespeare mit seinen tollen Streichen bekannt geworden sei und erfahren habe, er sei das Urbild jenes Falstaff, dem die Weiber so mitgespielt. Doch hier ist ja das Konzept. (Bringt ein Papier zum Vorschein.) Also, weiter heißt es: „Die Regentin äußerte sich jedoch mit großem Wohlgefallen über Euch, Sir, denn, sagte sie, ein Mann, welcher Ursache ist, daß ein Dichter so reichen Witz hat, muß nothwendig auch selbst witzig sein."

Davers.
Das wird ihm sofort einleuchten.

Penn (fortfahrend).
„Doch dies im Vertrauen, damit Ihr Euch auf einen Dank präparirt, für eine Ehrenbezeugung oder Beförderung. Ihr wißt, die Monarchin ist eine gelehrte Dame und weiß selbst ihre Worte sehr fein zu setzen."

Persons.
Dieser letzte Passus wird ihm Schweißtropfen auf die Stirn locken, denn seine Wohlredenheit ist durch noble Gesellschaft nicht ausgebildet worden.

Penn.
Er ist zu faul, um ordentlich zu reden.

Burbadge.
Dein Anschlag ist gut, Penn. Gebe der Gott des Humors, daß er in die Falle geht!

Penn.
Ich sage Euch, wenn noch Etwas im Stande ist, seine Aufgeblasenheit zu vergrößern, so ist es der Inhalt dieses Briefes.

Burbadge.
Da ist er selbst!

Penn.
Wie der Teufel, den man an die Wand malt.

Siebente Scene.

Die Vorigen. Oldcastle und Shakespeare (treten auf).

Oldcastle
(zu Shakespeare im Eintreten, ohne die Anwesenden eines Grußes zu würdigen)
Ungläubiger! Ich schwöre Dir — auf Ehre, auf Seligkeit — es ist Ernst!

Shakespeare.
Geh, Du willst mich zum Besten halten. (Er geht zu den am Tische Sitzenden, mit denen er anstößt und trinkt.)

Persons.
Ah, Sir John, willkommen!

Alle.
Willkommen!

Oldcastle
(wirft einen verächtlichen Blick auf die Versammelten und zieht Shakespeare bei Seite).
Komm her, William! Laß die Kanaillen! (Er bringt einen Brief zum Vorschein.)
Hier — lies und staune!

Ralph (leise zu den am Tische Sitzenden).
Er hat wahrhaftig schon angebissen.
(Während Shakespeare liest, geht Oldcastle, mit den Händen auf dem Rücken, stolz auf und ab, bleibt dann und wann mit gespreizten Beinen vor Shakespeare stehen, sieht ihn fragend an und nickt ihm, wenn Shakespeare, wie staunend, vom Lesen aufsieht, pfiffig lächelnd zu, indem er sagt:)
„Ja, ja!"

Penn (leise zu den Andern).
Seht nur, seht, wie er sich spreizt im Bewußtsein der Ehre, die ich ihm zugedacht habe. O, Du Ausbund von Aufgeblasenheit!

Burbadge.
Er wird Dich fordern nach der Katastrophe.

Penn.
Und nicht vom Leber ziehen. Wenn er den Ruhm unserer tapfern Krieger nicht durch seine Reputation und Kor-

pulenz vermehrte — seine Heldenthaten gehen in seiner Feigheit ohne Rest auf.

Burbadge.
Still, Penn, die Armee unserer glorreichen Königin braucht Männer von Gewicht.

Shakespeare
(hat gelesen und giebt den Brief zurück)
Ich gratulire zur Beförderung.

Oldcastle.
Ah, bist Du nun überzeugt? Fällt Dir's nun wie Schuppen von den Augen?

Shakespeare
(trocken lächelnd und kopfschüttelnd den am Tische Sitzenden mit dem Finger).
(Alle stehen auf und drängen sich um Shakespeare und Oldcastle.)

Ralph.
Was zum Henker habt Ihr denn Wichtiges, daß man so lang auf Eure Unterhaltung Verzicht leisten muß?

Oldcastle.
He, Wirthschaft!
(Aufwärter kommt.)

Oldcastle.
Eine Flasche Burgunder und zwei Gläser! (Der Aufwärter stutzt.) Verstehst Du mich nicht? — Ich sage — Burgunder.
(Aufwärter ab.)

Persons.
Sir John hat gewiß eine reiche Erbschaft angetreten, daß er den Sekt mit Burgunder vertauscht.

Oldcastle.
Erbschaft, Du Milchgesicht! Ich habe Keinen zu beerben. Ich lebe von meinen Talenten und meiner Tapferkeit. Das sind freilich Kapitalien, welche nicht Jedem Zinsen einbringen.
(Frau Hurtig tritt auf.)

Frau Hurtig.
Sir John, Ihr habt Burgunder bestellt?

Oldcastle.
Ja, mein süßes Herz. Und ich frage: wird's bald?

Frau Hurtig.
Und ich frage gleichfalls: wird's bald? (Sie macht die Pantomime des Geldzählens.) Wollt Ihr den Burgunder gleich bezahlen?

Oldcastle.
Schreib an! Schreib an! Du hast ein viel zu großes Talent zum Schreiben. Anlagen müssen gefördert werden und ich will Dein Protektor und Förderer werden. Aber frage den da, (Auf Shakespeare deutend.) ob mir nicht Ehren bevorstehen, deren Ausnützung meine Schulden — diese Bagatellen — tausendfach decken werden.

Frau Hurtig.
So laßt Euch doch von Euren Freunden einen Vorschuß darauf geben.

Oldcastle.
Ach, gute Frau Hurtig, das sind Künstler, die leben selbst von der Gunst der Musen, die noch knauseriger sind, als unsere glorreiche Königin, bei der ich heute Audienz habe. (Er geht stolz auf und ab.)

Alle.
Wa — s?

Oldcastle.
Was ist denn da zu staunen? Entehrt sich etwa die Hoheit, wenn sie ihr Auge auf den tapfersten Söhnen ihres Reiches ruhen läßt; und — was mehr sagen will — auf den witzigsten und geistreichsten? — Zwar hast Du mir allerlei schändliche Dinge angedichtet, William — das vergebe Dir Gott! Aber insofern Du doch die unschuldige Ursache dieser Audienz bist, werde ich Deiner gedenken vor dem Antlitze Ihrer Majestät.

Persons.
Uns nicht zu vergessen!

Penn und die Andern.
Und uns! Und uns!

Oldcastle.
Ihr seid sonst leibliche Kerle und wir haben manche Stunde miteinander gelacht und gezecht. Wenn sich nun auch in Zukunft hierin etwas ändern sollte, so werde ich dessen doch eingedenk bleiben. Mögen diejenigen sich freuen, die meine Freunde waren!
(Aufwärter kommt mit Wein.)

Oldcastle.
Ich werde zu Ihrer Majestät sagen, ja, ich werde sagen . . . (Er räuspert sich.)

Penn.
Still, er giebt eine Rede zum Besten!

Oldcastle.
Nein, ich will die Perlen nicht vor die Säue werfen und meiner Standesehre nichts vergeben. (Zum Aufwärter.) Dort hinein! — Komm, William, wir wollen genau überlegen, was ich zu sagen habe. Du hast in Deinen Komödien so viel Umgang mit Königen und Königinnen gepflogen, daß mir Dein Rath von großem Vortheil sein wird.
(Shakespeare und Oldcastle gehen dem Aufwärter nach, durch die Thüre links ab. Frau Hurtig kommt durch die Mitte mit dem Ex-Sekretair Lord Nettingham's und folgt Shakespeare und Oldcastle bis an das Zimmer links.)

Frau Hurtig.
Nur hier hinein, junger Herr!
(Frau Hurtig wieder durch die Mitte ab.)

Burbadge.
Da seht Ihr, welch eine verführerische Dirne diese Standesehre ist, wie sie einen leidlich gescheidten Menschen in eine Art von Hornvieh verwandelt, das unsere barocken Einfälle abweidet. Geht und sagt ihm, daß er zum Besten gehalten wurde — er wird's nicht glauben und Euch Lügner und Schufte schelten, die seine Auszeichnung beneiden. So kannte ich einen jungen Menschen, sonst das Musterbild eines anständigen Betragens,

bis er in Leicester's niederländische Armee eintrat. Sofort zog er den neuen Menschen an, der nach den Regeln des Korpsgeistes geschaffen, das heißt vollkommen gecken- und flegelhaft ist.

Davers.
Wehe Dir, Penn, wenn er die Wahrheit erfährt!

Penn.
Dann belachen wir den Spaß bei einem Glase Sekt. Lebt wohl! Ich gehe.

Persons.
So warte und nimm uns mit.
(Alle erheben sich und gehen durch die Mitte ab.

Achte Scene.

Shakespeare, Oldcastle u. Gurney
(kommen durch die Thüre links zurück).

Oldcastle.
Also, wie verabredet, William: ich komme nach der Vorstellung zu Dir und hole mir die Pluderhosen und den kurzen Mantel Falstaff's. Aber man sieht Eure Garderobe nur bei Licht und ich soll bei Tage zur Königin. He?

Shakespeare.
Sei ohne Sorgen, Freund, Du wirst zufrieden sein.

Oldcastle.
Und dann — reinen Mund gegen die Andern! Es würde mir unermeßlichen Spott eintragen, wenn man erführe, daß eine transitorische Geldklemme einen Offizier Ihrer Majestät gezwungen hat, im Rock eines Komödianten vor ihr zu erscheinen.

Shakespeare.
Verlaß Dich auf mein Schweigen.

Oldcastle.
Auf Wiedersehen, also, nach der Vorstellung! (Ab durch die Mitte.)

Shakespeare.
Da habt Ihr eine kleine Probe von

dem Urtheil der Welt über unsern Stand. Beharrt Ihr noch auf Eurem Vorhaben?

Gurney.

Was soll ich machen? Die Noth zwingt mich, die pure Noth

Shakespeare.

Ihr sprecht eine bittere Wahrheit aus. Leider muß die edelste der Künste sich aus den Kindern der Noth rekrutiren. Menschen, denen das Unglück auf der Ferse sitzt, denen selbstverschuldetes Elend den Muth zu neuem Aufschwung benommen, abgelebte Wüstlinge, bankerotte Spieler, die geschworenen Kumpane des Bacchus, entlassene Gefangene, denen die Gesellschaft den Rücken kehrt — Alles drängt sich zur Kunst der Bühne, als ob sie die große Versorgungsanstalt der Invaliden des Lebens wäre. Der gewöhnlichste Handwerker kann nicht arbeiten, ohne seine Geräthschaften: zum Schauspieler glaubt Jedermann das Handwerkzeug in sich zu tragen. — Wenn Dich die innerste Neigung nicht treibt, Freund, so rathe ich Dir, gieb Dein Vorhaben auf.

Gurney.

Was soll ich anfangen? Das Leben ist süß und Hunger thut weh. Als ich noch Sekretair war bei Lord Nottingham . . .

Shakespeare.

Nottingham? — Hörtet Ihr bei dem Lord nicht oftmals den Namen des Grafen Southampton?

Gurney.

Des Protektors der brodlosen Künste, wie ihn der Lord betitelte?

Shakespeare.

Ha!

Gurney.

Der wird bald die längste Zeit gelebt haben!

Shakespeare.

Gerechter Gott! Das sagt Ihr so gelassen?
Wißt Ihr, was der Gefangene mir war?
Ein Bruder war er mir, ein heißgeliebter,
Nein, mehr als Bruder, denn des Blu-
  tes Bande
Sind nicht geknüpft nach freier Wahl der Seele.
Wie selten, daß Natur in ihren Launen
Im Bruder uns den Freund erschafft, der fühlt
Und denkt wie wir, der mit uns lacht und weint!
So war es zwischen mir und ihm — doch was
Erzähl' ich Euch so wunderliche Dinge,
Ich seh's Euch an, sie dünken Euch wie Märchen,
Die man den Kindern am Kamin erzählt. —
O sagt, kennt Ihr die schändlichen Intriguen,
Die auf das Leben meines Freundes zielen,
So hebt den Schleier auf, der sie bedeckt!
Mein Geld, mein Gut, mein Leben, wenn es sein muß,
Mein Alles setz' ich dran, ihn zu befreien!

Gurney.

Wenn ich die Gewißheit hätte, daß Ihr mich nicht verriethet, so wäre es mir ein Leichtes, Euch die Handhabe zu verschaffen, den schlimmsten Feind des Grafen, diesen Lord sammt seiner Gemahlin, zu vernichten.

Shakespeare.

Seid Ihr mit meiner einfachen Versicherung, daß ich Euch nicht verrathen will, zufrieden, oder bedarf es eines Schwures?

Gurney.
Ich bin zufrieden. (Briefe zum Vorscheln bringend.) Diese Abschriften von Briefen bekunden den Antheil des Lords und seiner Gemahlin an dem Tode des Grafen Essex.

Shakespeare.
Gebt mir die Briefe. Ich zahle jeden Preis dafür.

Gurney.
Ich denke, wir werden einig.

Shakespeare.
Das denke ich auch und in dieser Voraussetzung (Er entreißt ihm die Briefe.) nehme ich sie an mich!

Gurney.
Was ist das? — Gebt mir die Briefe wieder!

Shakespeare.
Den Dieb bestehlen zu Gunsten des Bestohlenen heißt ehrlich handeln.

Gurney.
Zu Gunsten des Bestohlenen?

Shakespeare.
Die Briefe sollen mir behülflich sein,
Dem armen Freund die Freiheit zu verschaffen.
Verspricht der Lord mir bei der Königin
Sein Fürwort für Southampton, so empfängt
Er diese stummen Zeugen seiner Frevel
Aus meiner Hand zurück.

Gurney.
Ich soll die Briefe also nicht wieder bekommen?

Shakespeare.
Eben so wenig, als Ihr jemals eine Rolle aus meinen Händen bekommt!
(Ab ins Zimmer links.)

Gurney (ihm nachrufend).
Gut, wir werden uns weiter sprechen!
(Ab durch die Mitte.)

Verwandlung.
(Ein Zimmer im königlichen Palaste.

Neunte Scene.
Die Königin und Cecil (treten auf).

Königin.
Wenn keine Dinge von Gewicht zu ordnen,
So sei mir heut' die Einsamkeit Gefährtin.

Cecil.
Wohl giebt es einen wicht'gen Gegenstand,
Der schon seit Jahren der Entscheidung harrt.

Königin.
Was Jahre lang gewartet, kann's auch heute.

Cecil.
's ist Aschermittwoch heute, Königin,
An Deiner Unterthanen Stirne schrieb
Die Kirche ihr „Memento mori!" an,
Und wenn Du selbst auch diesem Brauch nicht huldigst,
Die feierliche Stille in den Straßen,
Die gestern kaum den Schwarm der Menge faßten,
Muß an des Tags Bedeutung Dich erinnern.

Königin.
O, ich erinnere mich des Tags genau!
War's nicht an einem Aschermittwoch, Cecil,
Als Essex' Blut vom Todesblocke floß?

Cecil.
Nicht wollt' ich Eurer Majestät die Tage
Der Heiterkeit, die nun vorüber sind,
Durch eine Mahnung trüben, die mein Amt
Gebieterisch verlangt, Euch vorzuhalten;
Doch heute, wo die rege Phantasie
So gerne bei des Todes Bildern weilt,

Heut ist der Tag, Southamptons zu ge=
   denken,
Der jetzt drei Jahre schon im Kerker=
   bann
Sein Herz mit trügerischer Hoffnung nährt.
So laß den heut'gen Tag Entscheidung
   bringen!
Befreie Dein Gemüth von diesem Alp
Und thue endlich jenen Federzug
Der seinen Kopf dem Henker überliefert.
     Königin (Cecil streng fixirend).
Warum, Cecil, bringt man so oft darauf,
Daß ich Southamptons Urtheil unter=
   zeichne?
          Cecil.
Um Deines, um des Landes Frieden
   willen.
     Königin (höhnisch).
Sehr liebevoll und — weise! — Bur=
   leigh's Sohn
Macht seines Vaters Schule alle Ehre!
Ich will Euch besser sagen, was Euch
   treibt:
Ihr fürchtet seine Freiheit, wenn mein
   Vetter
Von Schottland diesen Thron bestiegen
   hat.
     Cecil (freudig überrascht).
O Majestät, so wärest Du entschlossen,
Dies Reich auf Schottlands König zu
   vererben?
         Königin.
Seht, wie die Freude Euch erglühen
   macht!
Ich fühl' es wohl, ich hab' zu lang
   geherrscht.
Der untergeh'nden Sonne wendet man
Den Rücken, um der neuen zuzujauchzen,
Bis daß auch sie dem Untergang sich
   neigt!
Das ist das Loos der Könige — ich
   hätt'
Es wissen sollen, denn die Blätter der
Geschichte strotzen von Exempeln.
O, wie hat Shakespeare's Muse recht,

Wenn sie der Kön'ge traurig Loos be=
   seufzt:
„Für ungefühlte Einbildungen fühlen
Sie eine Welt qualvoller Sorgen oft!"
Hat dieses Volk, für das ich vierzig
   Jahre
Die Sorgen einer Herrscherin getragen,
Für das ich meines Herzens tiefste
   Wünsche
So oft geopfert — hat dies Volk ein
   Recht,
Mir meines Alters karg gemeßne Tage
Durch Weigerung der Ehrfurcht zu ver=
   bittern?
         Cecil.
O Majestät, wann wäre das geschehn?
         Königin.
Noch gestern! — Beugte Jemand seine
   Knie,
Als Heinrichs Tochter zur Kapelle
   schritt? —
Was ist dies Volk? Die undankbare
   Menge,
Die Sklaven ihres täglichen Genusses,
Die nur das Bildniß ihrer Königin
Im Herzen tragen, das, auf Gold ge=
   prägt,
Die gier'gen Blicke zum Verweilen zwingt?
Begreifen sie die Thaten, die ich thue? —
Nicht meiner Blutsverwandten heil'ges
   Leben
Hab' ich geschont, wenn mir die Pflicht
   gebot,
Ihr Haupt dem Block des Henkers hin=
   zugeben;
Nicht meines Lieblings Haupt war mir
   zu theuer
Für meiner Unterthanen Ruh' und Frie=
   den.
Und wie viel Liebe hab ich eingetauscht
Für solche Opfer? — Nicht einmal den
   Schein
Von Liebe, der so manchen Herrscher
   täuscht,
Wenn er gebogne Knie für Liebe nimmt,

Und auf das Hoch, das seinen Gang
  begleitet,
Wie auf das Echo seiner Liebe lauscht! —
Ich will nicht länger über Sklaven herr=
  schen! —
          Cecil.
Erhab'ne Fürstin, große Königin,
Wer weiß es nicht, was England Dir
  verdankt?
Wie sich das Achselzucken seiner Feinde,
Das sich mit seines Namens Nennung
  paarte,
In Staunen und Bewunderung ver=
  wandelt,
Seit unter Deinem ruhmgekrönten Szepter
Den segensreichen Boden dieses Eilands
Nicht mehr das Blut des Bürgerkrieges
  düngt?
Und, während hier in ungestörtem Frieden
Der Pflug des Landmanns seine Fur=
  chen zieht,
Durchpflüget unsrer Schiffe reiche Zahl
Des weiten Meeres trügerische Wogen,
Und treibet, mit dem Gold der neuen
  Welt
Beladen, in die heimathliche Bucht.
Und freudig darfst Du an den Busen
  schlagen
Und Dir gestehn: das Alles ist mein
  Werk! —
Erhab'ne Königin, so sei auch nun
Nicht grausam gegen Deine eigne Schö=
  pfung!
Erweitre Deinen Blick! Bedenke, daß
Die Dauer Deiner Schöpfung von der
  Dauer
Des Friedens abhängt, der gefährdet ist,
So lang Southampton noch an Deinen
  Tod
Die Hoffnung seiner einst'gen Rache
  knüpft.
          Königin.
Verlaßt mich, Cecil! Nichts mehr von
  Southampton!
Ich will den Punkt erleb'gen, wann
  ich will.

Nicht bin ich heute in der ruh'gen
  Fassung,
Die solches wichtige Geschäft erheischt.
(Cecil verbeugt sich und geht ab.)

  Zehnte Scene.
     Königin (allein).
O hätte dieser Tag den Lauf beschlossen!
          (Sie öffnet das Fenster.)
Schwer, wie der Nebel dort in Londons
  Straßen,
Der jeden Gegenstand unkenntlich macht,
Liegt die Erinnerung mir auf der Seele
Und hüllt die Gegenstände meines Den=
  kens
In ihre nebelhaften Schleier ein.
Wie konnt' ich's thun? — O, ich war
  grausam, grausam! —
Doch, blieb ihm nicht ein Mittel, sich
  zu retten?
Besaß er nicht den Ring von meiner
  Hand?
Es war sein Eigensinn, der ihn ver=
  darb,
Ja, und ich hatte Recht. Was hindert
  mich,
Die That zu enden, wie ich sie be=
  gann? —
Noch lebt Southampton, seiner Schuld
  Genosse. —
Er falle! — Weh, indem ich's sage,
  seh' ich,
Wie eine schöne, bleiche Geisterhand,
Erbarmung flehend, sich entgegenstreckt. —
Wohin verirrt' ich mich? — 's ist Alles
  Lüge!
Er trog mich, Alles trügt mich, Alles,
  Alles! —
„Wie ekel, schaal und flach und uner=
  sprießlich
Scheint mir das ganze Treiben dieser
  Welt!
Pfui! pfui darüber! 's ist ein wüster
  Garten,
Der — der —" wie lauten doch die
  Worte Hamlets? —

4

(Sich besinnend.) Vergessen! — Ah — ich
merke, mein Gedächtniß
Fängt an mich zu verlassen! — Wo
 nur fand
Der Dichter die Metapher voller Tief-
 sinn? —
Gewiß, er hat in seinem Leben auch
Das Brod der Trübsal überreich ge-
 nossen.
(Sie zieht an einer Klingelschnur. Ein Page
 tritt auf.)
Man rufe mir Sir William Shakespeare.
 (Page verbeugt sich und geht ab.)
Ich will ihn sprechen diesen Mann der
 Bühne,
Der mit dem Leben so ergötzlich spielt.
Schauspieler sind wir Alle, Alle, Alle!
Schein ist das Thun der Großen und
 der Kleinen!
Entzückt beschreiten wir des Lebens Bühne,
Und haschen nach dem Beifall einer
 Menge,
Die mit derselben Münze ihres Beifalls
Des Narren wie des Königs Spiel be-
 lohnt;
Und wenn des Auges Vorhang nieder-
 fällt,
Des Lebens buntes Schauspiel zu be-
 schließen,
Was haben wir erlangt an diesem Ziel?
'S ist eben aus — was war's? —
 Ein Spiel, ein Spiel!

Elfte Scene.

Die Vorige. Gräfin Nottingham
 (tritt auf).

Königin
 (beim Anblick der Gräfin, bei Seite).
Auch eine Spielerin! (Laut.) Wie geht
 es meiner guten Nottingham,
Seit Lady Macbeth sie zu Fall gebracht?

Nottingham.
Ein kräft'ger Schlaf ward der Erschö-
 pfung Meister,
Und froh begrüß' ich Eure Majestät.

Königin.
Der „Macbeth" ist ein wunderbares Stück.

Nottingham.
Und doch ein Rückschritt in des Dich-
 ters Schaffen.
Wenn ich nicht wüßt', das Shakespeare
 es geschrieben,
Ich rieth' auf Marlow. Ganz derselbe
 Styl
Des Dichters, der den „Tamerlan" ge-
 schrieben:
Sein übertrieb'nes Pathos; seine Art
Die Leidenschaft in Fetzen zu zerreißen,
Und mit den blut'gen Thaten roher
 Zeiten,
Die Nervenkraft der Hörer zu erschüt-
 tern.

Königin.
O, ich weiß besser, was Euch zürnen
 macht:
Ihr könnt ihm Eure Ohnmacht nicht
 vergeben!
Wie, sind Euch all die Züge denn ent-
 gangen,
Die unsres Dichters wunderbarer Scharf-
 sinn,
Gleichsam hinuntersteigend in den tiefsten,
Geheimnißvollen Schacht der Menschen-
 seele --
Dem Bergmann gleich — zu Tage hat
 gefördert?
Der Ehrgeiz Macbeths und die Güte
 Duncans,
Die Treue Macdufs — Alles Wahr-
 heit, Wahrheit!
Und erst des Helden Weib . . .

Nottingham.
 O Majestät,
Ich bitt' Euch, um der eignen Ruhe
 willen,
Verweilet nicht bei diesen blut'gen Bil-
 dern!
Ihr gebt der Schwermuth Eurer Seele
 Nahrung.

Laßt uns ein heitres Stück heut Abend
sehn.
Königin
(in Gedanken zu Boden starrend).
Wie ihm die Schurken Liebe heuchelten!
Wie dieses Weibes gleißnerische Zunge
Den Armen in die Mörderhöhle lockte!
Nottingham (bei Seite)
Vermöcht' ich doch, ihr Sinnen abzu=
lenken!
Königin.
Ich will das Stück heut Abend noch=
mals sehn,
Und zwar auf meiner Bühne im Pa=
laste.
Nottingham.
O Majestät, was sollen wir erfinden,
Euch von dem trüben Sinnen abzulenken,
Das grausam Euren Geist gefangen
hält?! —
Wir haben uns erschöpft in unsern
Mitteln,
Und trostlos stehn wir da und haben
nichts,
Als nur das Bettlerwort an Euren
Willen.
Königin
(war während Nottinghams Worten in Gedanken
versunken).
Verflucht ein König, der nach Duncans
Weise
Den Kreaturen seiner Güte lächelt!
Wo ist im Umkreis eines Königsthrones
Ein einz'ger Mensch, der nicht das Seine
suchte?
Ihr seht mich traurig fragend an. —
Wer bürgt
Dafür, daß dieses Antlitz keine Larve? —
Ihr wart es, die mich stachelte, das
Haupt
Des theuren Lieblings auf den Block zu
bringen,
Das liebe Haupt, mit dessen Lockenfülle
Dieselbe Hand ihr tändelnd Spiel ge=
trieben,

Die . . . ha, mich faßt ein Schauder
an! —
Was trieb Euch an, mich anzutreiben?
— Sprecht!
O, ich hab' Alles tausendfach erwogen:
Er hat Euch einst geliebt; Ihr zürntet
ihm,
Daß er Euch ließ. Eu'r Gatte war sein
Feind;
Cecil und Raleigh, Bacon, Alle, Alle
Erhoben ihre Stimmen wider ihn.
Was that er Euch, daß Ihr ihm also
zürntet? —
Daß er mich liebte war sein Hauptver=
brechen,
Das Euer Neid ihm nicht vergeben
konnte.
Nottingham.
Nicht wir, sein großer Stolz hat ihn
vernichtet,
Dem nicht die königliche Gunst genügte;
Der sein Verlangen nach dem Diadem,
Das Eure königliche Stirne schmückt,
In schlecht verhehlter Weise offenbarte.
Königin.
Ja, Nottingham, Ihr sprecht das rechte
Wort.
Er selbst ist Schuld an seinem Unter=
gang.
Bei Gott, ich würde ihn begnadigt
haben,
Hätt' er den Ring mir übersandt, an den
Ich die Gewährung großer Bitten knüpfte!
Vergebt mir, Nottingham, ich war zu
rauh.
Man sagt, das Alter handle oft nach
Launen.
Nottingham.
Ist denn ein lockig Haupt nur jung zu
nennen,
Und alt nur, was gebückt am Stabe
schleicht?
Des Geistes Vorrecht ist die Jugend=
frische.
Ihr werdet ewig jung sein, Majestät.

4 *

Königin.
Ich weiß, man lauert auf mein nahes
  Ende.
Nicht die gewohnte Ehrfurcht les' ich in
Den Mienen meiner Unterthanen mehr.
Und die am nächsten meinem Throne
  stehn,
Sie wenden schon ihr harrend Angesicht
Dem Purpur jener neuen Sonne zu,
Die jetzt noch über Schottlands Berge
  strahlt.
Ich aber will mich an das Leben
  klammern,
Und jeder Krankheit in das Antlitz
  lachen!
Sie sollen mich als Königin verehren,
Bis sich mein müdes Haupt zum Tode
  neigt!
Ich will kein Lager mehr auf weichem
  Pfühle
Hier auf den Boden will ich hart mich
  betten,
Und auch die Nacht soll mich im
  Schmucke sehn!
Ich will den Staub als den Gefährten
  küssen,
Dem sich mein jungfräulicher Leib ver-
  mählt! —
O, eine lust'ge Brautnacht, Nottingham,
Wo Würmer schwelgerische Tafel halten!
So juble doch! — Jetzt endlich, endlich
  wird
Die jungfräuliche Königin vermählt!
Nottingham.
Mir schneidet's in die Seele, Majestät,
Euch also reden hören!
Königin.
                    Gut, so geht
Und lasset mich allein! — Geht! —
    Ich befehl's!
                (Nottingham ab.)

Zwölfte Scene.
Königin (allein).
Sie geht, sie kommt, wie ihr mein Wort
  befiehlt.
O Marionetten, Marionetten, Ihr!
Ich bin des Lebens müde unter Euch!
Ich wollt', ein Wille träte mir ent-
  gegen!
Ein Wille? — Nein, ich bin ja Kö-
  nigin,
Bin Englands unumschränkte Königin,
Und darf nur wollen, was ich selber
  will!
(Ein Page tritt auf und meldet:) „Sir Wil-
liam Shakespeare!"
Königin.
Führ' ihn herein!
      (Page öffnet die Thür im Hintergrunde.)

Dreizehnte Scene.
Königin.   Shakespeare (tritt auf
und bleibt in einer Entfernung, nahe an der
Thüre im Hintergrunde, durch welche der Page
abgeht, stehen.)

Königin.
Kommt näher, Sir. Es hat mich sehr
  verlangt,
Mit Euch zu reden, den der Musen
  Gunst
So überreich bedacht. — Ich bin mit
  Staunen
Dem Gange Eures Genius gefolgt,
Und Eurer Muse dank' ich manche
  Stunde
Des reinsten und des edelsten Genusses.
Shakespeare.
O Königin, wie macht dies Wort mich
  reich!
Leicht zu befried'gen ist der Sinn der
  Menge,
Und eines Narren seichte Späße lohnt
Sie mit demselben Beifall, wie den Tod
Des Helden. Ach, dem schönsten, rein-
  sten Gold
Der Poesie, das eines Dichters Muse
Zu Tage fördert aus dem Schacht des
  Herzens,
Wird oft genug die Schlacke vorgezogen.

Wie selten setzen sich Gefühl und Geist
Bei seinen Dichterworten zu Gericht!
          Königin.
Verachtet mir der Menge Beifall nicht,
Ihr Urtheil ist das Urtheil eines Kindes;
Wenn Ihr als Dichter seinen Launen
          schmeichelt,
So tadelt Euer eignes Echo nicht,
Das Euch entgegentönt aus seinem Bei=
          fall.
Ihr habet Eure Herrscherpflicht so gut
Wie ich — übt sie im vollsten Maaß,
          denn wer
Regieren will, muß unumschränkt re=
          gieren.
          Shakespeare.
Ich machte nie in meinem ganzen Leben
Unwürdigen Gebrauch von meiner Macht.
          Königin.
Ihr redet unwahr.
          Shakespeare.
               Majestät!
          Königin.
                    Wer trieb
Euch an, das schauerliche Stück zu
          schreiben,
Das wir auf Lady Derby's Schloß ge=
          sehn?
          Shakespeare.
Othello?
          Königin.
          Ja, Othello! O, es war
Sehr ungerecht von Euch, die Desde=
          mona,
Das holde, süße, engelgleiche Wesen,
Der blinden Wuth des Mohren preis=
          zugeben!
          Shakespeare.
O Majestät, die Eifersucht der Liebe
Ist schrecklich und zu grausen Thaten
          fähig!
          Königin.
(Bei Seite.) O, nur zu wahr! (Laut.)
     Wißt Ihr das so gewiß?

          Shakespeare.
O Majestät, es giebt wohl kein Gefühl,
Deß Wogen nicht in dieser Brust sich
          wälzten.
Verkannte Liebe und gehemmtes Streben,
Der Armuth Brod, erweicht vom Naß
          der Thränen,
Jedweder Jammer dieses Erdenlebens
War der Begleiter meiner Jugendjahre;
Doch, meiner Kraft vertrauend, nahm
          ich freudig
Den Kampf mit der Erbärmlichkeit des
          Daseins,
Das Ringen mit des Schicksals Mäch=
          ten auf.
Und was des launenhaften Glückes
          Günstling
Nie von sich sagen kann — das kann
          ich dreist
Behaupten: was ich bin und was ich
          habe,
Das dank' ich mir, das hab' ich mir
          erobert.
Ein „Johann ohne Land" kam ich nach
          London,
Ein „William der Erob'rer" in Bezug
Auf Menschenkenntniß und gesegnet
          auch
Mit dieser Erde wünschenswerthem Gut,
Kehr' ich dereinst nach meinem Strat=
          fort heim,
Wo unter'm Schatten eines Maulbeer=
          baums,
An meines Avon's murmelndem Ge=
          stade,
Dem müden Alter süße Ruhe winkt.
          Königin.
So scheint's, Ihr seid zufrieden?
          Shakespeare.
                    Ja, ich bin's!
          Königin.
Und hegtet keinen Wunsch?
          Shakespeare.
                    Welch Herz wär' wohl

So reich, daß ihm nichts mehr zu wün=
schen bliebe?
        Königin.
So nennt den Wunsch, und steht's in
    meiner Macht,
Ihn zu erfüllen, sei er Euch gewährt.
        Shakespeare.
Es steht in Eurer Macht, o Königin,
Doch bange Furcht, ob ich zu kühn er=
    scheine,
Hält mir das Wort in meiner Brust
    gefangen.
        Königin.
Dies Bitten=Vorspiel sah ich oft genug
Von Bettler=Seelen aufgeführt — denkt
    Euch,
Ihr ließet einen Dichter Eurer Art
In einem Drama sprechen. Ihr seid
    ehrlich —
Ich will es glauben, Shakespeare, daß
    Ihr's seid
Und Ehrlichkeit wählt stets den graden
    Weg.
        Shakespeare.
O Königin, Du giebst dem Muthe
    Schwingen!
O sprich es aus — das große Wort,
    an dem
Das Leben meines treusten Freundes
    hängt!
Ein Wort von Dir, und seines Kerkers
    Thür
Geht auf. O, gieb ihn frei! Gieb
    einem Weibe
Den Gatten, einem Freund den treusten
    Freund!
        Königin.
Wer ist's, für den Ihr bittet?
        Shakespeare.
            Graf Southampton.
        Königin.
Southampton? — Nie und nimmer! —
    Der Verräther!
Ihr wißt es nicht, für wen Ihr bittet,
    Sir!

        Shakespeare.
Mit meiner Seele bürg' ich für die
    seine.
Er hat es redlich stets mit Euch ge=
    meint.
        Königin.
Redlich? — Und zog das Schwert zur
    Rebellion? —
In wenig Tagen fliegt sein Haupt vom
    Rumpfe!
        Shakespeare.
O Majestät, vergönnet mir, mit wen'gen
    Worten
Das Wesen meines Freundes Euch zu
    schildern!
        Königin.
Ihr malt mit Eures Herzens sanften
    Farben,
Mir schwebt sein Bild mit blut'gen Zü=
    gen vor.
        Shakespeare.
Uebt Eures Standes Vorrecht, Majestät,
An meinem armen, heißgeliebten Freunde!
Ich fleh' Euch auf den Knieen an —
    übt Gnade!
    (Er läßt sich vor der Königin auf ein Knie
            nieder.)
        Königin.
Ihr seid zu dringend, Sir. — Wollt
    Ihr mich zwingen?
    Shakespeare (knieend).
„Die Art der Gnade weiß von keinem
    Zwang;
Sie träufelt wie des Himmels milder
    Regen
Zur Erde unter ihr, zwiefach ge=
    segnet:
Sie segnet den, der nimmt und den,
    der giebt.
Am mächtigsten im Mächt'gen, zieret
    sie
Den Fürsten auf dem Thron, mehr wie
    die Krone.

Das Scepter zeigt die weltliche Ge=
 walt,
Worin die Furcht und Scheu der Kön'ge
 sitzt.
Doch Gnad' ist über dieser Scepter=
 macht,
Sie ist das Attribut der Gottheit selbst,
Und ird'sche Macht kommt göttlicher am
 nächsten,
Wenn Gnade bei dem Recht steht."

    Königin.
      Glaubet Ihr,
Ich sei so hart, wie Euer Jude Shy=
 lock? —
Erhebet Euch! —
   (Shakespeare erhebt sich.)
    Königin.
Und kommt heut Abend zu mir,
Wenn Birnam's Wald nach Dunsinan
 gezogen —
Denn heute Abend sehen wir den „Mac=
 beth"
Wir werden weiter von der Sache
 reden.
Im Uebrigen sind wir Euch wohl ge=
 wogen.
 (Sie reicht ihm die Hand zum Kusse und verläßt
  das Gemach.)

Fünfter Akt.

Erste Scene.

Ein Saal im Palaste zu Westminster.
Von der Decke herab hängt ein Kronen=
leuchter. Den Hintergrund bildet der her=
abgelassene Vorhang einer Bühne, an de=
ren beiden Seiten sich Armleuchter mit
brennenden Kerzen befinden. Auf den
Seitencoulissen, welche Saalwände dar=
stellen, antike Göttergestalten. Rechts und
links im Vordergrunde Flügelthüren, welche
in Nebensäle führen. Hinter diesen beiden
Thüren befinden sich rechts und links
Sitze für die Zuschauer. Ein Gang in
der Mitte zwischen den Sitzen bleibt frei.
Der Sitz für die Königin ist rechts mehr
im Vordergrunde und zeichnet sich durch
einen Baldachin aus. Der ganze Saal
ist mit schwarzem Flor behangen. Grä=
fin Nottingham hat ihren Sitz neben
der Königin; hinter ihr Graf Not=
tingham und andere Herren vom Hofe;
vor ihr, sowie auf den Sitzen ihr gegen=
über nehmen die Herren und Damen vom
Hofe ihre Sitze. Alle sind reich gekleidet.
Die Zuschauer auf der Bühne müssen sich
so setzen, daß sie halb im Theater
Anwesenden, halb der zweiten Bühne im
Hintergrund zugewendet sind. Beim Auf=
ziehen des Hauptvorhangs befindet sich,
außer Lord und Lady Nottingham,
welche dicht an der Thüre rechts stehen,
Niemand auf der Bühne.

Lady Nottingham (will durch die
  Thüre rechts weggehen).
Ich kann nicht bleiben, und ich will
 nicht bleiben!
Sag' ich sei unwohl.

Lord Nottingham (das Weggehen der
  Lady zu verhindern suchend).
   Denke an das Aufsehn,
Das Deine Ohnmacht damals schon er=
 regte,
Als wir zum ersten Mal den „Mac=
 beth" sahen.

   Lady Nottingham.
O, warum ließ ich thöricht mich be=
 reden,
Zum zweiten Mal das grause Stück zu
 sehn!
Ich traute meiner Nervenkraft zu viel.
Ich kann nicht bleiben, nein, es ist
 unmöglich!

   Nottingham.
Bedenk' den Argwohn unsrer Königin!

   Lady Nottingham.
Laß ab! — Ich kann nicht! — Führe
 mich hinaus!

   Nottingham.
Du glühst, und draußen treibt der wilde
 Sturm
Sein tolles Spiel mit winterlichen
 Flocken.

Lady Nottingham.
O, dann hinaus! Der Elemente Auf=
ruhr
Wird Wohlthat sein für meinen wilden
Schmerz.

Nottingham.
Nur diesen letzten Akt noch, liebes
Weib!

Lady Nottingham.
Es wird mich tödten! — O, zu tief,
zu tief
Hat sich das Bild der Seele einge=
prägt,
Wie die verruchte Mörderin im Schlaf
Von ihrem blutigen Geheimniß spricht;
Wie sie vergebens sich bestrebt, die
Hand
Von ihres Mordes Zeugniß zu befrein.

Nottingham.
Phantastische Erfindung eines Dichters!

Lady Nottingham.
Voll tiefen Sinnes! — Und jener
Banco — ganz
Des Essex Züge: seine hohe Stirn,
Sein großes Auge, sein gebeugter Gang.
Ich schlug die Blicke nieder, wenn er
auftrat,
Und doch — wie von magnet'scher
Kraft bewältigt,
Mußt' ich sie neu an seine Züge
heften.
Die Königin hat meine Angst bemerkt.
Glaubt' ich ihr heimlich in's Gesicht zu
schauen,
So streifte mich ein Blitz, wie eine
Frage,
Die nur der finstre Argwohn stellen
kann.
In ihren Reden in den Zwischenakten
Lag ein so seltsam Etwas. — Gott,
mein Gott
Wenn man ihr hinterbracht . . . !

Nottingham.
Du phantasirst!
Wer weiß darum, als Du und ich und
Jene,
Die aus demselben Grunde schweigen
müssen,
Der unsre Handlung zum Geheimniß
macht?
Denk' an das Alter unsrer Königin!
Der Pulsschlag ihres Lebens ist ge=
zählt.
Stirbt sie, so athmet freier unsre Brust.

Lady Nottingham.
Ja, Du hast Recht. — Ich will mich
fassen.
Ich will's zu Ende sehn. — Doch,
Mann, Du bleibst
In meiner Näh' — nicht wahr? —
Du gehst nicht fort? —
Ich muß ja Deiner Augen Sterne
suchen,
Und Muth und Kraft aus ihrem Leuch=
ten schöpfen.
(Ein Page tritt auf durch die Thüre links.)

Page.
Die Königin verlangt nach der Gräfin
Nottingham.
(Ab durch die Thüre links.)

Lady Nottingham.
Was mag sie wollen?

Nottingham.
Deine Gegenwart.
Was sonst?

Lady Nottingham.
Wie seh' ich aus?

Nottingham.
(Ein wenig bleich).
Doch diese Blässe mag der Wein ver=
tilgen,
Den Dir die Königin kredenzen wird.
Ich bitte Dich, verweile länger nicht.
(Lady Nottingham geht in das linke Seitenge=
mach.)

Zweite Scene.

Nottingham (allein).
Ach, armes Weib! Wo kauf' ich Dir
    den Frieden,
Den ich Dir grausam aus dem Busen
    riß?! —
Nicht bei den goldnen Sternen hoch da
    droben,
Nicht in der Erde allertiefstem Schacht,
Noch in der weiten, ungemess'nen Ferne,
Wo sich der Himmel und die Erde
    küßt,
Erhasch' ich dieses Engels Flügelpaar,
Deß Rauschen, wie der Ton der Aeols-
    harfe,
Mit leisen, wehmuthsvollen Mollattor-
    den
Das Ohr der schuldbewußten Seele
    streift! —
Daß doch die Uhr des Lebens rückwärts
    ginge!
Doch ach, nur einmal, nur ein einzig
    Mal
Beut sich die That dem menschlichen
    Entschlusse;
Und was so folgenschwer, wenn es ge-
    than,
Was grausam sich an unsre Fersen
    heftet,
Sich in die Träume unsrer Nächte
    stiehlt,
Und ewig die Gedankenwelt beherrscht:
Wie klein, ach, wie bedeutungslos er-
    scheint
Es uns, so lang es noch libellengleich
Mit Gauklerflug vor unsrer Seele
    schwebt! —

Dritte Scene.

Der Vorige. Shakespeare tritt
auf durch die Thüre rechts).

Shakespeare (für sich).
Er ist allein. Welch ein bekümmert
    Antlitz!
Ich dachte, mich an seiner Qual zu
    weiden,
Und mit Sarkasmen seinen Stolz zu
    brechen,
Den er dem Komödianten und dem
    Dichter
Mit unverhohlner Lust entgegentrug,
Doch nein — der Rache soll das Wort
    nicht dienen,
Das sich der edelsten Begeistrung fügt.
    (Will gehen.)
Nottingham (Shakespeare erblickend und
zusammenzuckend. Bei Seite).
Shakespeare! — Ha, wie der Zorn
    zum Herzen schwillt!
(Laut.) Was sucht Ihr hier?

Shakespeare.
Sammlung des Geist's und Ruhe.
Ich bin erschöpft von meiner Rolle,
    Graf.

Nottingham.
Da tragt Ihr selbst die Schuld. War-
    um erschuft
Ihr solche tragische Gestalten, Sir,
Die übermenschlich sind, und mit der
    Wahrheit
Nicht im Entferntesten im Einklang
    stehn?

Shakespeare.
Was ich geschrieben, ist vielleicht zu
    wahr,
Um die gemeinen Geister zu befried'gen,
Die lieber sich der Wirklichkeit entschla-
    gen,
Um in dem Reich der Elfen und der
    Zwerge
Die Wahrheit und — sich selber zu
    vergessen.

Nottingham.
Warum der feierliche Ton der Rede?

Shakespeare.
Es gab vor Zeiten einen Mann, der
    mir
In's Angesicht behauptete, der Dichter
Gehöre zu den überflüss'gen Menschen,

Die Gott in seiner Laune nur geschaf-
fen,
Wie man nach Tisch bei Wein und
Zähnestochern
Aus weichen Krümchen Brod Alräun-
chen forme.
Hat Euch mein Spiel ergriffen, werther
Graf,
Daß Ihr so sinnend in Betrachtung
steht?
    Nottingham.
Ergriffen? — Mich? — Pah! —
Eitler Mann, wo denkt
Ihr hin? — Gottlob sind meine Ner-
ven stark
Genug, die Gräuelthaten anzusehen,
Mit denen Eure Phantasie die Bücher
Der englischen Geschichte illustrirt.
Allein bedenken solltet Ihr, daß Frauen
Von zartem Sinn sich hier zerstreuen
wollen,
Daß eine alternde Monarchin auf
Die Jamben Eurer Gestalten lauscht!
    Shakespeare.
O, es giebt Frauen, deren zarter Sinn
Weit schrecklichere Dinge noch erträgt.
Die Lady Macbeth's sind nicht ausge-
storben,
Sie wandeln mitten unter uns, wenn
auch
Als Königinnen nicht. O, es giebt
Thaten,
Die fast so blutig, wie die Thaten
Macbeth's,
Und an dem Hof Elisabeths geschehen.
    Nottingham.
Erklärt Euch deutlicher.
    Shakespeare.
      Ihr wollt's wohlan! —
Es lebte einst am Hofe der Monarchin
Ein Mann, der ihrer ganz besondern
Gunst
Sich zu erfreuen hatte. Dieser Mann
Ward allen Höflingen ein Dorn im
Auge,

Und sie verbanden sich zu seinem
Sturze.
    Nottingham.
Zur Sache!
    Shakespeare.
  Es gelang. Der Günstling fiel,
Und jubelnd triumphirten seine Feinde.
Durch übereiltes Handeln bracht' er sich
Um der Monarchin Gunst und sollte
schon
Das Haupt dem Block des Henkers bie-
ten, da
Entsinnt er sich, daß ihn die Königin
In einem Augenblicke höchster Gunst
Mit einem Ring beschenkt . . .
    Nottingham.
      Mit einem Ring?
    Shakespeare.
Mit — einem Ring. — Kennt
Ihr vielleicht das Ende
Der traurigen Geschichte?
    Nottingham.
      Ich . . . ich bitte,
Fahrt fort! Mich . . . intressirt die
Sache.
    Shakespeare.
  So?
Das freut mich, Graf, wirklich, das
freut mich sehr.
O, sie ist sehr interessant! Ich hoffe,
Sie soll Euch im Verlauf noch rühren
und
Ergreifen, was bisher mein Dichter-
wort
Selbst mit dem höchsten Schwung der
Phantasie
Nicht zu erzielen fähig war.
    Nottingham.
      Vollendet
Die alberne Erzählung nur; ich weiß,
Es ist das alte Märchen von dem
Ringe,
Den Essex von Elisabeth erhielt,
Und den er, eigensinnig wie er war,

Statt ihn der Königin zu schicken —
in
Die Themse warf.
                Shakespeare.
                    Wißt Ihr das so genau?
                Nottingham.
Man munkelt so. — Als ob die
        Königin
Den offenbaren Hochverrath verzeihen,
Und wegen eines albernen Versprechens,
Das bei der Ueberreichung jenes Ringes
Den Lippen nur im heitern Scherz ent=
        fuhr,
Die Pflichten der Gerechtigkeit vergessen,
Die Satzung dieses Lands umgehen
        könnte!
                Shakespeare.
Daß sie dies konnte zeugen diese Briefe,
Die ich von Eurem Sekretair empfing.
                Nottingham.
Zeigt her die Briefe!
                Shakespeare.
                    Diese Briefe? — Nein! —
Doch laßt uns handeln! Aug' um
        Auge, Zahn
Um Zahn! — Versprecht Ihr mir auf
        Ehre,
Den ganzen Einfluß bei der Königin
Zu der Befreiung meines theuren Freun=
        des
Southampton zu verwenden, so em=
        pfangt
Ihr diese Briefe — und Eu'r Antheil
        an
Dem Tode Essex' bleibt ein ewiges
Geheimniß: dünkt Euch dieser Preis zu
        hoch,
So geb' ich heute noch die Briefe der
        Monarchin.
                Nottingham.
            Gebt, o gebt mir diese Briefe!
Ich schwör' Euch hoch und theuer:
        Graf Southampton
Wird frei!

                Shakespeare.
Wird frei! — O, süßes Zauberwort,
Wie klingst Du gar so lieblich mir in's
        Ohr! —
So wäre also doch die Zeit gekommen,
Wo auch der Dichter eine Rolle spielt
In den Intriguen dieses schlauen
        Hofes,
Wo Euer Stolz die Fäden der Ge=
        schichte
Allein zu spinnen glaubt?
                Nottingham.
            Vergebt mir, Shakespeare,
Daß Euch mein Stolz gekränkt!
                Shakespeare.
                Das hab' ich längst.
Und zum Beweise deß nehmt diese
        Briefe.
Vergönnt mir den Triumph, Lord Not=
        tingham,
Daß ich durch Großmuth Euch beschä=
        men darf.
        (Er giebt ihm die Briefe und geht rechts ab.)

Vierte Scene.

Nottingham (nimmt die Briefe hastig
        und verbirgt sie).
Beschämt — ha, und durch ihn, den
        Komödianten! —
Ich trag' es nicht! — —
        (Links ab ins Seitengemach.)

Fünfte Scene.

Oldcastle (im Anzug des Falstaff). Penn,
Davers und Tarleton (treten auf).

                Penn.
Aber ich versichere Euch, Sir John,
es war nur ein Scherz von mir.
                Oldcastle.
Du, und ein Scherz! Halte Dir
einen Spiegel vor die Nase, und wenn
Du einen einzigen Zug in Deinem Ge=
sichte entdeckst, der auf Humor schließen
läßt, so will ich nicht Sir John heißen.

Deine Kapacität geht nicht über den Inhalt eines Glases Sekt hinaus.
Tarleton.
Aber Sir John ...
Oldcastle.
Du, mache erst, daß Dein Kinn flügge wird!
Davers.
Bester Sir John ...
Oldcastle.
Et tu Brute? — Zum Henker mit Euch neidischen Schuften! Was ficht Euch an, daß Ihr mir ein Bein stellen wollt, wenn ich auf der ersten Sprosse der Ehre stehe? — Geht und laßt bei der erhabenen Monarchin nicht die Meinung auftauchen, ein Offizier ihres Heeres könne solchen Umgang haben! Stellt meine Geduld nicht auf die Probe, wenn der Glanz meiner Beförderung dereinst auch auf Euch einige Streiflichter werfen soll! Ihr wißt, ich war immer auf Euer Fortkommen bedacht — (Mit einer Handbewegung des Abtretens.) heute bin ich's ganz besonders. (Er geht gravitätisch auf und ab.)
Tarleton.
Kommt, Freunde, laßt uns gehen. (Leise.) Es kann ihm schon nicht schaden, wenn sein Hochmuth eine kleine Bestrafung erhält.
Davers.
Gedenket meiner bei der Monarchin, Sir John!
Penn.
Und meiner!
Oldcastle.
Immer noch da? — Werdet Ihr bald verschwinden?
Tarleton.
Wir sind schon fort.
(Penn, Davers und Tarleton rechts ab.)

Sechste Scene.

Oldcastle (allein.)

Weil ich mich herablasse, dann und wann ein Glas Sekt mit ihnen zu leeren, glauben diese niedrigen Kreaturen mich mit ihren Glossen verfolgen zu dürfen! Als ob ich nicht hoffähig sein könnte! Habe ich nicht alle Attribute eines Kavaliers? — Ich habe Schulden — Schulden muß der Mensch haben, denn unsere zum Egoismus hinneigende Natur würde nur zu bald vergessen, daß der Mensch dem Menschen verpflichtet ist. Ich habe Liebschaften — Liebschaften muß der Mensch gleichfalls haben, das sind auch gewissermaßen Schulden, die man ans Allgemeine abträgt; und wozu schuf Gott zweierlei Geschlechter? Liegt ein vernünftiger Sinn in diesem Dualismus, so ist es Pflicht, ihn der Welt zu interpretiren, und das habe ich bisher redlich gethan. (Er fährt mit der Hand über den kahlen Schädel.) Ecce signum! — Und was mein kavaliermäßiges Auftreten betrifft, so empfiehlt mich meine Leibeskonstitution schon als einen Mann von Gewicht. Die Zeit mag allerdings der Grazie meiner Erscheinung etwas Abbruch gethan haben — aber ich drehe meinen Schnurrbart noch eben so keck als Raleigh; ich fluche noch eben so gut als Andere; im Sekttrinken nehme ich es mit Jedem auf und meine Fingerspitzen küsse ich noch ganz mit demselben obligaten Lächeln, wie in meinen zwanziger Jahren. Am schwersten wird es mir fallen, vor der Monarchin das Knie zu beugen. Dieses leidet an der Gicht und dieses muß ich gebrauchen, um das andere im Gleichgewicht zu halten. O, daß ein tropischer Sonnenstrahl so mitleidig wäre, eine Fettabsonderung meines Kadavers zu bewirken! — Aber das hilft Alles nichts — gekniet muß werden. — Verſuchen wir's. — Ah, es geht — mit dem Niederknieen werde ich ſchon . . . Bums! (Er kniet.) Aber jetzt, das Aufſtehen! — — Himmel, die Königin! — (Er rafft alle Kraft zuſammen und ſteht auf.)

Siebente Scene.

Der Vorige. Die Königin, Lord und Lady Nottingham, ſowie die andern Herren und Damen (treten auf, durch die Thüre links kommend).

Oldcaſtle.
Ah, die Angſt! — Meine Anrede! — Gott, mein Gedächtniß!

Königin.
Was ſehe ich? Sir John Falſtaff in leibhaftiger Geſtalt?

Oldcaſtle.
Glorreiche . . . nein . . . mächtigſte . . . nein . . . erhabene Monarchin zu Eurer Majeſtät Befehl. Sir John Oldcaſtle, Werbeoffizier in Eurer Majeſtät Heer, durch die Laune eines Dichters in die Höhe eines Humors entrückt, der freilich einen kleinen unmoraliſchen Beigeſchmack hat, aber der doch die unſchuldige Urſache geworden iſt, daß Eure Majeſtät ruhmgekröntes Auge . . . wollte ſagen Eurer ruhmgekrönten Majeſtät Auge auf mir zu ruhen zu geruhen geruhten.

Königin.
Wie ſoll ich das verſtehen?

Oldcaſtle.
Eure Majeſtät belieben Sich an meiner Verlegenheit zu weiden. Wenn Sich Eure Majeſtät des Auftrags erinnern wollten . . .

Königin.
Welches Auftrages?

Oldcaſtle.
Den Eure Majeſtät jenem Thürſteher gaben, das Urbild jenes Falſtaff zu Eurer Majeſtät einzuladen. O, dieſe unverdiente Huld, dieſe . . .

Königin (lacht).
Ich, einen Auftrag, einem Thürſteher? Man hat Euch zum Beſten gehalten edler Greis.

Oldcaſtle (lächelnd).
Greis? — Greis? — Ernſt und Scherz, Beides ſteht Eurer Majeſtät gleich gut.

Königin (zu ihrer Umgebung).
Ein ſonderbares Exemplar eines Kavaliers. — Sir John, obgleich Ihr mir durch William Shakeſpeare von keiner ſehr vortheilhaften Seite empfohlen ſeid . . .

Oldcaſtle.
Verläumdung, Majeſtät, pure Verläumdung. Ich bin beſſer als mein Ruf.

Königin.
So will ich Euch um des Humors willen, mit dem Euch der Dichter ausſtaffirt hat . . .

Oldcaſtle.
Umgekehrt, Majeſtät, ich den Dichter.

Königin.
Um dieſes Humors willen Euch gnädig ſein. Kommt morgen zu mir, Ihr ſollt mir von Euren Streichen erzählen. — Jetzt wünſchen wir das Stück zu Ende zu ſehen.

Oldcaſtle.
O Majeſtät . . . (Will knieen.)

Königin.
Die Kniebeugung will ich Euch ſchenken — es ſind keine Hebebäume zur Hand. Dies ſei meine erſte Gunſt.

Oldcaſtle.
Möge es nicht die letzte ſein! (Er küßt ſeine Fingerſpitzen und geht rechts ab.)

Königin.
Ein närriſcher Kauz. Was meint Ihr, wenn ich ihn zum Ritter ſchlüge?

Nottingham.

Ich glaube, da könnten Eure Majestät lange schlagen, denn er steckt in seinem plebejischen Fell sehr fest. Ich kenne ihn, er ist ein Trinker, Spieler und Beutelschneider.

Königin (mit Ironie).

Qualifizirt sich also zum Hofmann. Laßt uns das grause Stück zu Ende sehn. — Jetzt kommt die Scene, wo die Lady Macbeth
Der Nacht ihr blutiges Geheimniß beichtet.
(Zur Nottingham.) Ist es nicht so?

Lady Nottingham.

So ist es, Majestät.

Königin.

Ihr seht so blaß. Ist Euch nicht wohl?

Lady Nottingham.

Sehr wohl.

Königin.

Ich hoffe, daß uns diesmal Eure Nerven
Nicht um den letzten Akt des Stückes bringen.
(Sie giebt ein Zeichen, daß man beginnen möge. Alle setzen sich. Der Vorhang im Hintergrunde geht in die Höhe. Man erblickt ein Zimmer im Schloß zu Dunsinan.)
(Auf der Bühne im Hintergrunde treten auf: ein Arzt und eine Kammerfrau.)

Arzt.

Zwei Nächte hab' ich nun mit Euch gewacht,
Doch Wahrheit find' ich nicht in Euren Reden.
Wann ging zuletzt sie um?

Kammerfrau.

Seitdem Seine Majestät in den Krieg zogen, habe ich gesehen, wie sie aus ihrem Bett aufstand, ihr Nachtgewand umwarf, ihren Schreibtisch aufschloß, Papier nahm, es zusammen legte, das Geschriebene las, es versiegelte, und dann wieder zu Bett ging: und die ganze Zeit in tiefem Schlafe.

Arzt.

Eine große Zerrüttung der Natur! Die Wohlthat des Schlafes genießen und zugleich die Geschäfte des Wachens verrichten. — In dieser schlafenden Aufregung, außer dem Umherwandeln und anderm Thun, was, irgend einmal, habt Ihr sie sprechen hören?

Kammerfrau.

Dinge, die ich ihr nicht nachsprechen werde.

Arzt.

Ihr könnt's, zu mir, und besser wär's, Ihr thätet's.

Kammerfrau.

Weder Euch, noch irgend Jemand, da ich keine Zeugen habe, meine Aussage zu bekräftigen.
(Lady Macbeth kommt, eine Kerze in der Hand.)
Seht, da kommt sie! So ist ihre Art und Weise! Und, bei meinem Leben, fest im Schlaf. Beobachtet sie; steht ruhig!

Arzt.

Wie kam sie zu dem Licht?

Kammerfrau.

Das brennt neben ihrem Bett. Sie hat immer Licht: es ist ihr Befehl.

Arzt.

Seht, offen sind die Augen.

Kammerfrau.

Geschlossen ist ihr Sinn.

Arzt.

Was macht sie nun? Seht, wie sie sich die Hände reibt.

Kammerfrau.

Das ist ihre gewöhnliche Geberde, daß sie thut, als wüsche sie sich die Hände; ich habe wohl gesehen, daß sie

es eine Viertelstunde hintereinander that.
Lady Macbeth.
Da ist noch ein Fleck.
Arzt.
Horch, sie spricht! Ich will aufschreiben, was sie sagt, um hernach meine Erinnerungen daraus zu ergänzen.
Lady Macbeth.
Weg, Du verdammter Fleck! Weg, sag' ich. — Eins, zwei! Ja wohl, dann ist es Zeit zur That. — Die Hölle ist finster! — Pfui mein Gemahl, pfui, ein Soldat . . .
(Lady Nottingham thut einen Schrei und sinkt vom Stuhl, Lord Nottingham fängt sie in seinen Armen auf.)
Königin.
Was ist der Gräfin? — Laßt das Spiel beenden!
(Der Vorhang der Bühne im Hintergrunde fällt.)
Cecil (mit Bacon und Raleigh in den Vordergrund schreitend).
Ich glaube, hier entwickelt sich ein andres.
Bacon.
Was denkt Ihr von der Ohnmacht?
Raleigh (achselzuckend).
's ist 'ne Ohnmacht.
Bacon (kopfschüttelnd).
Wie auf ein Stichwort — in demselben Stück,
Und an derselben Stelle.
Raleigh.
Zufall.
Cecil.
Seltsam!
(Inzwischen hat sich Lady Nottingham erholt.)
Bacon.
Sie kommt zu sich.
Lady Nottingham.
Wo bin ich?

Nottingham.
Theures Weib! In Deines Gatten Armen!
Lady Nottingham.
O, hinweg! Hinweg mit Dir! Du hast mich ja verlockt!
Du! Du! — Fluch Deinen schmeichlerischen Künsten!
Nottingham.
Sie redet irr.
Königin.
Ich glaube, diesem Irrsinn Liegt ein gar tiefer Sinn zu Grunde.
Lady Nottingham.
O Königin, sieh hier zu Deinen Füßen Ein teuflisch Weib! — Vergieb! Vergieb!
Königin.
Daß Ihr Das Spiel gestört?
Lady Nottingham.
O, mehr als dies! Weit mehr! Mein schuldbeladenes Gewissen . . .
Nottingham.
Sie redet irr, ich bitt' Euch, hört sie nicht!
Lady Nottingham (ficht auf und dringt Nottingham zur Seite).
Hinweg! Hinweg! — Er hat mich zu der That
Verlockt! — Er war's, der mir befahl, den Ring . . .
Königin.
Den Ring . . . .?
Lady Nottingham.
Den Du dem Essex gabst . . .
Königin.
O Gott, Was werd' ich hören müssen! — Diesen Ring . . .
Was ist mit diesem Ringe? — Sprich! —

Lady Nottingham.
  Er gab
Ihn mir!
  Königin.
Esser?
  Lady Nottingham.
  Er selbst!
  Königin.
    Für mich?
  Lady Nottingham.
    Für Dich!
  Königin.
Und Du, Unglückliche . . . ?
  Lady Nottingham.
    Ich unterschlug
Den Ring und wurde seine Mörderin!
  (Allgemeines Staunen.)
  Königin.
Das also war der Lohn für mein Vertrauen,
Mit dem ich Dich vor allen Andern ehrte?
Hinweg aus meinem Angesicht, Verworfne,
Die Du der Regung Deines Hasses folgtest,
Und meine Freundschaft mit Verrath belohntest!
  Lady Nottingham.
Ich habe schwer gesündigt, doch bei Gott!
Ich habe schwer gebüßt! — Seit jener Stunde,
Wo ich zum ersten Mal vor Deinem Blick
Mein schuldbewußtes Auge senken mußte;
War es um meines Herzens Ruh' geschehn.
Freudlos verrannen mir des Tages Stunden;
Und in der Nacht geheimnißvoller Stille,

Wo alle Kreaturen dieser Erde
Des süßen Schlafes Wohlthat sich erfreuen,
Da pochte an des Herzens dunkle Pforte
Die Reue an, und ruhte nicht, bis das
Gewissen seinen Pförtnerdienst verrichtet.
O Königin, um dieser Qualen willen,
Sieh gnädig auf die Frevlerin herab!
  Königin.
Aus meinen Augen, heuchlerisches Weib!
Der Tower sei fortan Dein Aufenthalt!
Führt sie hinweg — sie und den Grafen — Beide!
  (Lord und Lady Nottingham werden fortgeführt.)
  Königin.
Ha, mir geschieht ganz recht, ganz recht!
Warum
Erzog sich meine Milde diese Schlange?
Hätt' ihr mein Fuß doch gleich den Kopf zertreten,
Eh' sie mit holden, honigsüßen Worten
Sich gleißnerisch in meinen Busen stahl. —
Das also war's, was diese Heuchlerin
Den „wohlgemeinten" Rath mir geben ließ,
Das fürchterliche Stück nicht mehr zu sehn!
O, trefflicher Poet, der es verstand,
So in des Herzens Saitenspiel zu greifen,
Daß es den Mörder zum Geständniß zwingt!
Ruft ihn herbei!
  (Einige ab.)
    Vor Eurem Angesichte
Will ich ihn wahrhaft königlich belohnen.
  (Shakespeare tritt auf.)

Achte Scene

Die Vorigen. Shakespeare.

Königin.
Sir William Shakespeare, tretet näher.
— Euch
Verdank' ich das Geständniß einer
   That,
Die sich an meinem Hofe zugetragen
Und Eurer Lady Macbeth würdig ist. —
Ihr batet mich, Southampton zu be=
   gnad'gen.
Gern ließ ich ihn um Euretwillen frei,
Säß er um minder're Schuld als Hoch=
   verrath,
Doch ist er ja der Günstling meines
   Vetters
Von Schottland, der das Scepter dieses
   Reiches
Wohl bald an unsrer Statt in Händen
   trägt,
(Bewegung unter den Staatsmännern)
Ich aber gebe Euch im Angesicht
Des Hofes das Gelöbniß, daß dem
   Grafen
So lang ich lebe — und ich fühl's,
   ich lebe
Nicht lange mehr — kein Haar ge=
   krümmt soll werden!

Shakespeare.
O Königin, die große Güte . . .

Königin.
                    Keinen Dank!
Dies Gaukelspiel der Zunge hab' ich
   satt!

Wollt Ihr mir danken — dankt mir
   durch die That!
Tragt auf den Flügeln Eurer Phan=
   tasie
Das Volk zu seiner Vorzeit großen
   Tagen,
Und singet dem entartenden Geschlechte
Die Gluten der Begeisterung herab,
Aus denen große Thaten sich ent=
   wickeln!
All jene unsichtbaren Flügelboten:
Der Friede mit dem Oelzweig in der
   Rechten,
Der Trost mit seinen sanften Wiegen=
   liedchen,
Der Glaube, und die Hoffnung, und
   die Liebe. —
Sie alle dienen Euch: O singet sie
Zum Trost herab den armen Menschen=
   kindern,
Die auf des Elends nackten Füßen
   gehn! —
Reicht ihm den Kranz, den wir ihm
   zugedacht!
Shakespeare (der Königin zu Füßen
   sinkend).
O Königin, wie trag' ich diese Huld?!
Königin (empfängt aus den Händen einer
Hofdame einen Lorbeerkranz, welchen sie Shake=
   speare aufsetzt).
Sei diese Krönung durch die Königin
Dir ein Symbol der goldnen Ruhmes=
   kränze,
Die einst die Nachwelt flicht dem gro=
   ßen Meister,
Dem wahren König in dem Reich der
   Geister!